초능력
비주얼씽킹
초등한국사

3 교과서 속 인물사

"

비주얼씽킹은
어려운 공부법이 아니라
그림으로 생각하고 정리하는
즐거운 습관입니다.

"

큰★별샘이
비주얼씽킹 초등 한국사를 추천합니다!

초등학교는 한국사를 배우는 첫 시기입니다. 그래서 저도 초등학생들의 한국사 공부에 대해 늘 고민이 많았습니다. 이 때의 경험이 앞으로 한국사 공부에 대한 생각을 결정짓는다 해도 과언이 아니기 때문입니다. 자칫 어렵거나 지루하다는 느낌이 들면 중학교, 고등학교, 그 이후의 한국사 공부를 할 때 내내 괴로울 수밖에 없습니다. 그래서 어떻게 하면 첫 단추를 잘 끼울 수 있을까 고민이 많아집니다. 저보다 이 같은 고민을 더 많이 한 초등학교 선생님들이 이 책을 만들었기에, 한국사를 사랑하고 가르치는 한 사람으로서 이 책은 참 반갑고 고맙습니다.

이미 서점가에는 한국사를 다룬 책이 많습니다. 초등학생을 위한 한국사 책도 당연히 많지요. 하지만 이 책을 단연 돋보이게 하는 힘은 '공부의 즐거움'에 있고 그것이 아이들에 대한 깊은 이해에 바탕을 두고 있어 놀랍습니다. 빠르게 변하는 시대, 이미지와 영상 속에서 자라나고 있는 아이들의 눈높이에 꼭 맞춘 책의 구성은 현장에서 아이들을 마주하는 선생님들이기에 가능하다는 생각이 듭니다. 옛날 이야기를 읽는 것 같은 쉽고 재미있는 설명과 그 이야기를 한 장의 이미지로 정리해 주는 비주얼씽킹은 이 책의 가장 큰 무기입니다. 백 마디의 문장을 읽고 외우는 것은 힘들지만, 그것을 한 장의 그림으로 기억하는 것은 어렵지 않습니다. 재미있게 이야기를 읽고 그림으로 정리하는 과정 속에서 자연스럽게 한국사의 기본적인 흐름과 개념들을 이해하게 되고, 아이들에게 '공부의 즐거움'으로 다가올 것이라는 확신이 듭니다.

오랫동안 비주얼씽킹을 연구하고 그것을 교육 현장에 적용하기 위해 노력한 참쌤과 참쌤스쿨 선생님의 노력을 알기에, 그 결실이 한국사라는 영역에서 빛나는 것에 기쁨을 느낍니다. 즐겁게 배운 한국사 공부의 경험이 앞으로 한국사 공부에서 오래 달릴 수 있게 해 주는 에너지가 되리라 생각합니다.

큰★별샘 **최태성**(별별 한국사 연구소장)

비주얼씽킹
초등 한국사

비주얼씽킹 초등 한국사를 시작하는 여러분께

여러분 안녕하세요? 이 책은 비주얼씽킹(Visual Thinking)이라는 조금 생소한 공부 방법을 바탕으로 만들었어요. 영어로 쓰여 있으니 무언가 대단한 것처럼 생각되지만, 사실은 아주 간단한 공부 방법이에요. 글과 그림을 함께 활용하여 생각하고 이 과정에서 자연스럽게 공부를 하는 것이죠.

비주얼씽킹이 무엇인지 먼저 살펴볼까요?

'임진왜란으로 인해 조선은 큰 피해를 입었다.'

위 문장을 그림으로 그린다면 어떻게 표현할 수 있을까요? 다양한 방법이 있겠지만 아마 그림을 잘 그리는 사람도 쉽게 표현하기 어려울 거예요.

임진왜란으로 피폐해진 조선의 모습을 나타냈어요!

위 그림은 실제로 초등학교 5학년 친구가 그린 그림입니다. 임진왜란으로 인해 누더기가 된 조선의 모습을 재미있게 표현했어요. 위와 같은 표현은 그림에 특별히 소질이 없더라도 그릴 수 있어요.

문자를 사용한 글은 논리적이고 체계적이에요. 그에 비해 그림은 보다 직관적이죠. 이해하기 어려운 내용을 그림과 함께 봤을 때 '아!' 하며 내용 전체를 한꺼번에 이해했던 경험이 있을 거예요.

이번에는 '고려 말'과 '고려의 멸망'이라는 주제는 어떻게 표현할 수 있을까요?

'말(末)'이라는 뜻은 나라가 없어지기 바로 전이라는 뜻이니 나라의 기운이 기울고 안팎으로 나라가 어려웠겠죠? 왕관을 그려놓고 '고려'라고 적은 다음 이곳저곳의 누더기를 그려 주니 고려가 몹시 힘들고 어려워 보이네요. '고려 멸망'은 어두운 색으로 왕관을 칠하고 위에 천사링을 그려 넣었네요. 누가 봐도 나라가 멸망한 것을 직관적으로 알 수 있겠어요. 비주얼씽킹의 표현 방법은 미술 시간에 그렸던 그림들과는 조금 달라요. 누구나 그릴 수 있고 한 번만 보아도 이해하기 쉬운 표현으로 낙서 같이 보이기도 하지만 내용을 이해하는 데 도움이 된답니다.

이 책은 그림을 좋아하는 초등학교 선생님들이 함께 만들었어요. 어려운 한국사 내용을 어떻게 하면 여러분들이 쉽고 재미있게 이해할 수 있을지를 가장 많이 고민하며 다양한 방법으로 한국사 내용을 정리했답니다.

책 속에 있는 QR코드를 스마트폰으로 찍어 보세요. 선생님들이 만든 비주얼씽킹 강의를 활용하여 책을 공부한다면 쉽게 한국사와 친해질 수 있을 거예요.

이 책이 여러분에게 정말 많은 도움이 되었으면 좋겠어요.

이 책을 만드신
쌤들!

김차명 선생님
(경기도 교육청)

이인지 선생님
(서울 지향초)

김근재 선생님
(서울 청담초)

강세라 선생님
(충북 청주 상봉초)

김화인 선생님
(충북 청주 원봉초)

백지민 선생님
(서울 송정초)

송가람 선생님
(경남 함안 호암초)

유명선 선생님
(경기 부천 부원초)

윤보연 선생님
(경기 남양주 예봉초)

조하나 선생님
(충북 청주 새터초)

표지수 선생님
(서울 자곡초)

이 책을 활용하는 Tip

QR코드 참쌤 동영상

참쌤 선생님들이 그리면서
설명해 주시는 생생한
비주얼씽킹 강의

Tip1
비주얼씽킹 인물 학습
3쪽

다양한 주제로
우리 역사 속 인물들의
이야기를 재미있게
들려줄 거야.

1. 나라를 세운 사람들 04

알에서 태어나 신라의 왕이 된

박혁거세

살았던 때 삼국 시대, 기원전 69년 ~ 4년
했던 일 사로국에서 태어나 신라의 왕이 됨.
키워드 #신라 #알 #거서간 #알영 #사로국

| 나정이란 우물가에서 발견된 알에서 누가 태어났을까?

신라는 삼국 중 가장 먼저 건국되어 천 년의 역사를 가지고 있어. 기원전 57년에 신라의 왕이 된 박혁거세는 어떤 탄생 이야기를 가지고 있을까?

오늘날 경주에는 사로국이라는 작은 나라가 있었어. 당시 사로국은 왕이 없었기 때문에 여러 마을의 촌장들은 훌륭한 왕이 나타나 나라를 다스리길 바라고 있었지. 그러던 어느 날 촌장 중 한 사람이 나정이란 우물가에서 말의 울음소리를 들었어.

어느날 사로국의 고허촌에 사는 촌장이 나정이란 우물가에서 흰 말이 무릎을 꿇고 앉아 울고 있는 것을 보았어.

가까이 가 보니 말은 사라지고 그 자리에 빛나는 커다란 알이 있었어. 잠시 후 알을 깨고 사내아이가 태어났단다.

아이를 목욕시키자 새들이 몰려와 춤을 추고 해와 달이 갑자기 밝아지는가 하면 하늘과 땅이 흔들리기까지 하였어.

신비한 광경을 본 촌장들은 아이가 박처럼 생긴 알에서 나왔다하여 성을 '박'으로, 세상을 밝게 비춘다는 뜻으로 이름을 '혁거세'라고 지었어. 촌장들의 보살핌 속에 잘 자란 박혁거세는 13세가 되었을 때 훗날 신라가 되는 사로국의 거서간이 되었단다.

한국사 용어 퀴즈

1 ☐춘장 ☐촌장
한 마을을 다스리는 우두머리로 당시 사로국은 나라를 다스리는 왕이 없었고, 여러 마을마다 ☐춘장 ☐촌장이 각 지역을 다스렸을 것이라고 짐작해.

2 ☐거서간 ☐어서가
신라에서 초기에 임금을 부르던 말이야. 이후 신라에서는 차차웅, 마립간, 이사금 등 임금이나 왕이라는 말 대신 다양한 호칭이 사용되었어.

정답 1 촌장 2 거서간

26 비주얼씽킹 **초등** 한국사 3

한국사 용어 퀴즈
인물들의 이야기를 읽는 데
도움이 되는 **한국사 용어**들만
쏙쏙 골랐어요.

생생한 그림과 흥미로운 설명으로
역사 속 인물들의 이야기를
재미있게 공부해요.

인물 탐구 퀴즈 / 인물 한 문장 쓰기

재미있게 풀어보고
자유롭게 생각을 쓰면서
인물 학습을 정리해요.

교과서 속 개념 체크 박혁거세 탄생 설화에 담긴 의미

이야기	담긴 의미
알에서 태어났음.	보통 알은 새가 낳는 것으로 하늘을 나는 새는 곧 '하늘의 뜻', '하늘에서 온 사람'을 의미함. → 보통 사람과 다른 특별한 존재를 나타냄.
닭의 부리를 가진 아이(알영)가 박혁거세와 결혼함.	신라는 예로부터 닭과 관련된 이야기가 많고, 닭을 숭배했다고 함. → 닭을 숭배하는 집단이 알에서 태어난 집단(박혁거세)과 결합하여 나라를 세웠다는 의미가 담겨 있음.

● 박혁거세에 대한 이야기를 함께 정리해 봐요. 정답 189쪽

💡 **인물 탐구 O, X Quiz**

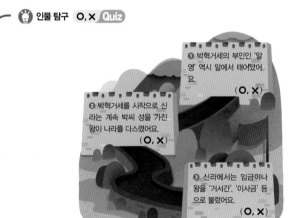

❶ 박혁거세의 부인인 '알영' 역시 알에서 태어났어요.
(O, X)

❷ 박혁거세를 시작으로 신라는 계속 박씨 성을 가진 왕이 나라를 다스렸어요.
(O, X)

❸ 신라에서는 임금이나 왕을 '거서간', '이사금' 등으로 불렀어요.
(O, X)

🔥 **인물 한 문장 쓰기**

"정해진 답 대신 여러분의 생각을 자유롭게 써 보세요."

● 박혁거세는 정말 알에서 태어나 신라의 왕이 되었을까요?

...사람들 **29**

Tip2
인물 탐구 학습

1쪽

Tip3
인물 토론

인물
토론

1. 나라를 세운 사람들

주제별로 역사 속 인물들과
관련된 문제를 풀고, 토론하며
자신의 생각을 완성해 보세요.

차례

1. 나라를 세운 사람들

2. 전쟁의 영웅들

3. 역사 속 라이벌

4. 역사 속 괴짜들

5. 역사 속 혁신가

1. 나라를 세운 사람들

긴 역사를 가진 한반도에
어떤 나라들이 세워지고 발전했을까요?

5000년의 역사를 가진 한반도에는 고조선부터 대한 제국, 그리고 오늘날 대한민국까지 다양한 나라가 세워지고 발전했어요. 새로운 나라를 건국한 사람들의 곁에는 어떤 특별한 이야기가 담겨 있는지 함께 살펴봐요.

하늘에 비는 김에 저희 대한 제국도
살펴 주시옵소서!

황제

우리나라 최초의 국가를 세운

단군왕검

- **살았던 때** 청동기 시대, 기원전 2000년 경~?
- **했던 일** 한반도 최초의 국가인 고조선을 세움.
- **키워드** #고조선 #환웅 #웅녀 #청동기 #8조법

│ 오래전 한반도에는 어떤 사람들이 살고 있었을까?

70만 년 전 한반도에 구석기 시대가 시작된 이후 사람들은 부족을 이뤄 동물을 사냥하고 열매를 채집하며 살았어. 이후 긴 시간이 지나 신석기 시대를 거쳐 청동기 시대에 사람들은 한 곳에 정착하여 집단을 이루고 농사를 지으며 살게 되었지. 그리고 힘을 가진 사람들이 무리를 다스리고, 다른 부족과 전쟁을 하여 이들을 지배하기도 했어.

한반도에도 강력한 힘을 가진 군장 세력이 최초의 나라를 세웠는데 바로 고조선(조선)이야. 기원전 2333년에 고조선을 세웠다고 알려진 단군왕검은 누구였을까? 『삼국유사』에는 단군왕검의 아버지인 환웅에 대한 재미있는 이야기가 전해져.

한국사 용어 퀴즈

1 □삼국유사 □삼국사기
고려 시대에 일연이 지은 역사서야. 고구려, 백제, 신라뿐만 아니라 고조선에서부터 고려까지 우리 민족의 역사를 폭넓게 다루고 있지.

답 1 삼국유사

환웅은 인간 세상을 다스리고 싶다며 하늘을 다스리는 신인 아버지 환인에게 졸랐어.

환인이 태백산 꼭대기 신단수를 보니 마침 인간 세상을 다스릴만한 곳이라 여겼지.

환웅은 바람, 비, 구름을 다스리는 신하를 비롯해 여러 무리와 함께 인간 세상으로 내려왔어.

단군왕검의 어머니는 곰에서 사람으로 변한 웅녀라고?

인간 세상을 다스리게 된 환웅에게 어느 날 곰과 호랑이가 함께 찾아와 사람이 되게 해 달라고 빌었어. 그러자 환웅은 고개를 끄덕이며 곰과 호랑이에게 사람이 될 수 있는 방법을 일러주었어.

환웅은 곰과 호랑이에게 쑥과 마늘을 주며 말했어.
"이것을 먹고 백 일 동안 햇빛을 보지 않으면 사람이 될 것이다."

둘 중 누가 사람이 되었을까? 호랑이는 며칠을 참지 못하고 동굴 밖으로 뛰쳐나갔지만 곰은 환웅이 시킨대로 잘 참아 여자인 웅녀가 되었어. 웅녀는 환웅과 결혼하여 아들을 낳게 되었는데 그가 고조선을 세운 **단군왕검**이란다.

곰이 사람이 되어서 환웅과 결혼하고, 둘 사이에 단군왕검이 태어났다는 이야기가 정말 사실이었을까?

이와 같은 이야기는 과거 한반도에 곰과 호랑이를 숭배하는 집단이 있었고, 이들 중에 곰을 숭배하는 집단이 환웅이 이끄는 세력과 결합하였다는 것으로 해석하기도 한단다.

한국사 용어 퀴즈

1 ☐ 웅남   ☐ 웅녀
곰에서 사람으로 변한 웅녀는 환웅과 결혼하여 아들을 낳았다고 해. 이는 곰을 숭배하는 집단과 환웅의 무리가 결합한 것이라고 해석하기도 한단다.

2 ☐ 단군왕검   ☐ 왕검단군
단군왕검은 사람의 이름이 아니라 사실 고조선의 지배자를 가리키는 말이야.

정답 1 웅녀 2 단군왕검

단군왕검은 1500년 동안이나 나라를 다스렸다고?

단군왕검은 기원전 2333년에 고조선을 세우고 무려 1500년 동안 나라를 다스리다 신선이 되었다는 이야기가 있어. 그런데 '단군왕검'은 사실 사람의 이름이 아니야. '단군'은 '하늘에 제사를 올리는 사람'을 일컫는 말이지. 또 '왕검'은 '정치 지도자인 군장'을 의미해. 이렇게 단군왕검은 한 사람이 제사와 정치를 모두 맡는 **제정일치** 사회의 우두머리인 셈이란다. 첫 번째 단군왕검이 나라를 세웠고, 수많은 단군왕검들이 뒤를 이어 1500년 동안 나라를 다스린 거야.

한편 고조선에서는 사회 질서를 유지하기 위한 8개의 법이 있었는데 오늘날에는 3개 조항만 전해지고 있어.

첫째, 사람을 죽인 자는 사형에 처한다.
오늘날처럼 당시에도 사람의 생명을 귀하게 여겼어.

둘째, 남을 다치게 한 자는 곡식으로 갚는다.
고조선은 농경 사회이며 개인이 재산을 소유할 수 있다는 것을 알 수 있어.

셋째, 도둑질한 자는 **노비**로 삼는데 용서를 받으려면 50만 전을 내야 한다.
노비로 삼는다는 것을 보면 사람들 사이에 신분의 차이가 존재했다는 것을 알 수 있어.

고조선은 한반도와 요동 지역 일대에서 독자적인 청동기 문화와 철기 문화를 발전시켰어. 또한 주변 지역을 정복하며 중국과 경쟁을 하는 한편, 여러 나라와 교역을 하여 많은 이익을 얻기도 하였지.

교과서 속 개념 체크 **고조선 사람들의 생활 모습**

의생활	삼베, 동물 털, 비단 등으로 만든 옷을 입었고, 대부분의 사람들은 짚신을 신었는데, 신분이 높은 사람들은 가죽신을 만들어 신었음.
식생활	곡식이나 음식을 다양한 모양의 민무늬 토기에 담았으며, 뼈로 만든 칼과 숟가락, 국자 등을 사용해 요리를 하거나 음식을 먹었음.
주생활	땅 위로 올려 지은 움집을 짓고 살았음.

● **단군왕검에 대한 이야기를 함께 정리해 봐요.** 정답 189쪽

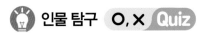 **인물 탐구** O, X Quiz

❶ 한반도에 세워진 최초의 국가는 고조선이에요.
(O, X)

❷ 환웅 세력과 곰을 섬기는 부족이 결합하여 고조선을 세웠어요.
(O, X)

❸ 고조선 사회는 신분의 차이 없이 모두가 평등한 사회였어요.
(O, X)

인물 한 문장 쓰기

"정해진 답 대신 여러분의 생각을 자유롭게 써 보세요."

● '단군왕검'이라는 이름에 담긴 의미는 무엇일까요?

알에서 태어나 고구려를 세운
주몽

비주얼 씽킹! 참쌤 동영상

● **살았던 때** 삼국 시대, 기원전 58년~기원전 19년
● **했던 일** 기원전 37년 졸본을 도읍으로 정하고 고구려를 세움.
● **키워드** #활을 잘 쏘는 아이   #알   #고구려   #유리

한국사 용어 퀴즈

1 ☐ 주몽왕   ☐ 금와왕
부여 해부루왕의 아들로 큰 돌을 뒤집자 금색을 띤 개구리 모습을 한 작은 아이가 있었는데, 이 아이가 금와왕이 되었다고 해.

2 ☐ 주몽   ☐ 구운몽
활을 잘 쏘는 사람이란 뜻의 부여 말인 '듀무르'를 한자로 옮기면 '주몽'이 된다고 해.

정답 1 금와왕   2 주몽

알에서 사람이 태어나다니, 이게 무슨 일이야?

어느 날, 부여의 **금와왕**이 태백산 남쪽에 있는 우발수라는 강가를 지날 때였어. 한 여인이 슬프게 울고 있는 거야. 그 이유를 물으니 "저는 물의 신 하백의 딸 유화입니다. 동생들과 물놀이를 나왔다가 해모수를 만나 부모의 허락 없이 결혼하여 그만 쫓겨났어요."라고 하였지.

금와왕은 유화 부인을 불쌍히 여겨 궁으로 데리고 왔는데 어느날 유화 부인에게 신기한 일이 생겼어. 유화 부인이 그만 알을 낳았지 뭐야!

금와왕은 유화 부인이 낳은 알이 불길하다고 여겨 알을 버리라고 지시했어.

동물들이 버려진 알을 피하더니 새는 날아와 날개로 알을 품기도 하였어.

금와왕은 알을 깨뜨리려고 애를 썼지만 결국 실패하자 알을 다시 유화 부인에게 돌려주었단다.

얼마 뒤 알을 깨고 건강한 사내아이가 태어났어. 아이는 7살의 나이에 활과 화살을 스스로 만들어 쏘았고, 쏘는 화살마다 명중하니 부여 사람들은 '활을 잘 쏘는 사람'이라는 뜻으로 그 아이를 주몽이라고 불렀어.

열려라 참깨! 아니, 열려라 강물?

금와왕은 주몽에게 말을 기르는 허드렛일을 맡겼어. 슬기로운 주몽은 여러 말 중에서 가장 뛰어난 말은 일부러 먹이를 적게 주어 마르게 하였지. 그리하여 주몽은 아무도 거들떠보지 않게 된 뛰어난 말을 얻을 수 있었어.

금와왕에게는 일곱 아들이 있었는데 이들은 주몽을 늘 시기하였어. 주몽이 일곱 왕자들과 사냥 시합에서 크게 활약을 하자 왕자들은 더 이상 두고 볼 수 없다며 주몽을 없애려고 했지. 유화 부인이 미리 이것을 알려 주몽은 급히 부여를 도망쳐 나왔어. 부여에서 뒤쫓아 오는 병사들을 피해 도망을 가던 주몽은 엄시수라는 강 앞에서 길이 막혀 버리게 되었단다.

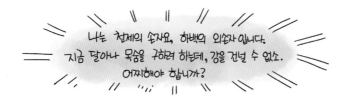

길이 막힌 주몽이 강 앞에서 소리치며 도움을 외쳤어.

천제의 손자이자 하백의 외손자라는 외침에 신기한 일이 벌어졌단다.

어디에선가 갈대가 연결되고 거북과 물고기가 몰려오더니 물 위로 다리를 만들어 주었어.

그 덕에 무사히 강을 건넌 주몽은 뒤쫓던 부여의 병사들을 따돌릴 수 있었어.

무사히 강을 건넌 주몽은 이후 재사, 무골, 묵거 세 사람을 만나 도움을 얻었어. 그리고 이들은 함께 **졸본**을 도읍으로 정하고 기원전 37년 고구려를 세웠어.

한국사 용어 퀴즈

1 ☐ 천제　　☐ 천재

'하늘을 다스리는 신'을 가리키는 말로 주몽은 천제의 아들인 해모수와 물의 신 하백의 딸인 유화 사이에서 태어났어. 주몽은 할아버지가 하늘의 신, 외할아버지가 물의 신이야.

2 ☐ 졸개　　☐ 졸본

고구려의 첫 번째 도읍으로 오늘날 중국의 랴오닝 지역이야. 이곳에는 고구려의 도읍으로 짐작되는 오녀산성이 있단다.

정답 1 천제　2 졸본

고구려의 두 번째 왕도 부여에서 왔다고?

고구려의 첫 번째 도읍이었던 졸본은 산악 지역으로 산세가 험하여 적의 침략을 방어하기 유리했지만 농업이 발달하기 어려웠어. 그래서 고구려는 건국 초부터 주변 지역으로 영토를 넓히기 위해 활발한 정복 활동을 했지.

한편 주몽은 부여를 떠나올 때 이미 결혼을 하여 부인을 두고 있었어. 주몽의 아내 **예씨 부인**은 마침 뱃속에 아이를 가지고 있었단다.

주몽의 아내 예씨 부인은 차마 함께 떠나지 못하고 부여에 남아 사내아이를 낳았어. 이후 아들 유리는 부여를 떠나 아버지인 주몽을 찾아왔단다. 이미 고구려에서 자식을 두고 있던 주몽은 이후 유리에게 왕의 자리를 물려주었어.

한국사 용어 퀴즈

1 ☐예씨 부인   ☐소서노
주몽의 첫 번째 부인으로, 기록에 따르면 부여에서 주몽과 결혼하였다가 이후 유리를 낳고, 유리와 함께 고구려의 주몽을 찾아간 것으로 알려졌어.

2 ☐국외성   ☐국내성
고구려의 두 번째 도읍으로, 오늘날 중국 지린 지역에서 국내성의 흔적과 고구려 왕의 것으로 추정되는 무덤들이 발견되고 있어.

🔑 1 예씨 부인 2 국내성

주몽(동명 성왕)을 이어 왕위에 오른 유리왕은 압록강 주변의 국내성을 새 도읍으로 삼았어. 이후 고구려는 안으로는 강력한 왕권을 세워 나라를 안정시키고, 밖으로는 영토를 넓히고자 노력하며 삼국 시대에서 가장 먼저 중앙 집권 국가의 모습을 갖추게 되었어.

▼ 고구려의 첫 번째 도읍인 졸본으로 추정되는 오녀산성(중국 랴오닝)

건국	기원전 37년 주몽이 졸본을 도읍으로 정하고 고구려를 세움.
도읍 이전	서기 3년 유리왕은 졸본을 떠나 압록강 주변 국내성으로 도읍을 옮김.
왕위 세습	2세기 후반 고국천왕 무렵, 형제가 물려받던 왕의 자리를 아들에게 물려주게 되어 왕권이 더욱 강화됨.
불교 수용	소수림왕 때 중국으로부터 불교를 받아들여 나라의 안녕을 기원함.

● 주몽에 대한 이야기를 함께 정리해 봐요. 정답 189쪽

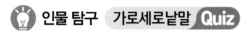 인물 탐구   가로세로낱말 Quiz

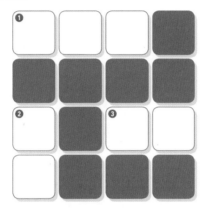

❶ 주몽은 부여에서 탈출해 졸본을 도읍으로 삼고 ㄱ ㄱ ㄹ 를 세웠어요.

❷ 주몽의 어머니는 물의 신인 하백의 딸 ㅇ ㅎ 예요.

❸ ㅈ ㅁ 이란 이름은 부여 말로 '활을 잘 쏘는 사람'이라는 뜻이에요.

✒ 인물 한 문장 쓰기

" 정해진 답 대신 여러분의 생각을 자유롭게 써 보세요."

● 주몽이 부여를 떠나 도망치게 된 까닭은 무엇일까요?

고구려의 왕자로 태어나 새로운 나라를 세운

온조

- **살았던 때** 삼국 시대, ?년~28년
- **했던 일** 고구려를 떠나 마한 지역에 백제를 건국함.
- **키워드** #고구려 출신 #주몽의 아들 #위례성 #비류

백제를 세운 왕이 고구려에서 온 왕자라고?

백제를 세운 온조왕은 고구려 **동명 성왕**(주몽)의 아들이야. 고구려의 왕자가 어떻게 백제를 건국하게 되었을까? 여기 고구려를 세운 주몽의 가족 관계도를 보면 그 이유를 알 수 있어.

부여에서 태어난 아들 유리가 주몽을 찾아오면서 주몽과 **소서노** 사이에서 태어난 비류와 온조는 그만 왕태자의 자리를 유리에게 빼앗겨 버렸어.

고구려를 세운 주몽이 뒤늦게 자신을 찾아온 아들 유리를 왕태자로 삼자, 두 왕자 비류와 온조는 더 이상 고구려의 왕이 될 수 없었어. 결국 비류와 온조는 자신들을 따르는 신하, 백성들과 함께 고구려를 떠나게 된단다.

| 비류는 미추홀로, 온조는 위례성으로 간 결과는?

비류와 온조는 고구려의 남쪽으로 내려와 나라를 세우기 적당한 곳을 살폈어.

먼저 온조는 큰 강과 비옥한 토지에 반해 한강 남쪽 위례성에 터를 잡고 나라를 세우며 이름을 '십제'라고 지었어. 이곳은 물을 구하기 쉽고 농사가 발달한 덕분에 사람들이 살기 좋아 나날이 발전해 나아갔단다.

반면 비류는 자신을 따르는 무리를 이끌고 지금의 인천 지역인 미추홀에 자리를 잡았어. 그러나 바닷가 지역인 미추홀은 주변이 습하고 물이 짜 농사를 짓고 사람들이 살기가 어려웠지. 이후 비류가 죽자 비류를 따르던 이들은 결국 위례성의 온조를 찾아갔단다.

온조는 미추홀에서 찾아온 비류 세력을 맞이하였고 이후 나라가 더욱 발전하여 '십제'에서 오늘날 우리가 알고 있는 '백제(百濟)'로 나라의 이름을 바꾸었어.

비류가 나라를 세웠던 인천 미추홀구에는 옛날에 소금을 생산하던 염전이 있던 곳에 '염전로'라는 도로명이 남아 있어.

▲ 염전의 모습

한국사 용어 퀴즈

1 ☐위례성   ☐남한산성
온조가 나라를 세운 것으로 알려진 지역으로 오늘날 서울 송파구 지역의 몽촌토성, 풍납토성 등이 위례성이라고 짐작되고 있어.

2 ☐천제   ☐십제
『삼국사기』에는 온조왕이 나라를 세울 때 '열 명의 신하가 보필한다.'라는 뜻을 담아 나라의 이름을 지었다고 해.

답 1 위례성 2 십제

| 한강 유역을 바탕으로 조금씩 세력을 넓혀 간 백제

고구려의 왕자였던 온조가 세력을 이끌고 한강 유역에 세운 백제는 **마한**에 속한 작은 나라로 시작했어. 그래서 건국 초기에는 주변 세력으로부터 압력을 받아 어려움을 겪기도 했단다.

당시 백제가 있던 한강 유역은 물이 풍부하고 넓은 평야가 있어 일찍부터 농업이 발달하고 이와 함께 철기 문화가 발달하였어. 또한 교통의 중심지로 여러 문물을 교류하기 좋은 곳이었지.

한국사 용어 퀴즈

1 ☐ 진한　☐ 마한
오늘날 한강 유역과 충청도 지역에 퍼져 있던 부족 국가들이 모여 이룬 세력이야. 한반도에는 마한 이외에도 변한, 진한 등이 있었어.

2 ☐ 관등제　☐ 관등놀이
백제 고이왕 때 만들어진 16개 관직으로 왕 아래 6좌평을 두고, 그 아래로 등급에 따라 여러 관직을 두었어.

정답 1 마한　2 관등제

백제는 마한 내의 작은 나라를 정복하며 힘을 키워 갔어. 3세기 고이왕은 마한의 목지국을 흡수하여 중부 지방을 장악했어. 그리고 나라의 기틀을 세우고자 법령을 만들고 16개의 **관등제**를 정하여 통치 제도를 정비했지.

이후 침류왕 때에는 불교를 받아들여 백성들을 다스리고 왕권을 강화하는 데 도움을 주고자 했어.

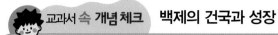 교과서 속 개념 체크 **백제의 건국과 성장**

| 고구려에서 온조와 비류가 세력을 모아 한반도 남쪽 지역으로 내려옴. | → | 온조는 한강 유역 위례성에 나라를 세워 도읍을 정하고 '십제'를 나라 이름으로 함. | → | 비류를 따르던 세력이 온조 세력에 흡수되고, '백제'로 나라 이름을 바꿈. | → | 마한 내의 작은 나라를 정복하면서 영토를 넓히고 성장함. |

● 온조에 대한 이야기를 함께 정리해 봐요. 정답 189쪽

💡 **인물 탐구** 사다리 **Quiz**

❶ 비류는 지금의 인천 지역인 (   )에 나라를 세웠어.

❷ 온조는 위례성 부근에 자리를 잡고 처음에 나라 이름을 (   )라고 했어.

❸ 온조는 비류가 이끌던 백성들을 받아들이고 이후 나라 이름을 (   )로 바꾸었어.

㉠ (   )   ㉡ (   )   ㉢ (   )

🖊 **인물 한 문장 쓰기**

" 정해진 답 대신 여러분의 생각을 자유롭게 써 보세요."

● 온조가 비류와 함께 미추홀로 갔다면 어떻게 되었을까요?

_____

_____

_____

알에서 태어나 신라의 왕이 된
박혁거세

비주얼 씽킹
참쌤 동영상

살았던 때 삼국 시대, 기원전 69년 ~ 4년
했던 일 사로국에서 태어나 신라의 왕이 됨.
키워드 #신라 #알 #거서간 #알영 # 사로국

나정이란 우물가에서 발견된 알에서 누가 태어났을까?

신라는 삼국 중 가장 먼저 세워졌고 천 년의 역사를 가지고 있어. 기원전 57년에 신라의 왕이 된 박혁거세는 어떤 탄생 이야기를 가지고 있을까?

옛날에는 지금의 경주에 사로국이라는 작은 나라가 있었어. 당시 사로국은 왕이 없었기 때문에 여러 마을의 **촌장**들은 훌륭한 왕이 나타나 나라를 다스리길 바라고 있었지. 그러던 어느 날 촌장 중 한 사람이 나정이란 우물가에서 말의 울음 소리를 들었어.

어느날 사로국의 고허촌에 사는 촌장이 나정이란 우물가에서 흰 말이 무릎을 꿇고 앉아 울고 있는 것을 보았어.

가까이 가 보니 말은 사라지고 그 자리에 빛나는 커다란 알이 있었어. 잠시 후 알을 깨고 사내아이가 태어났단다.

아이를 목욕시키자 새들이 몰려와 춤을 추고 해와 달이 갑자기 밝아지는가 하면 하늘과 땅이 흔들리기까지 하였어.

한국사 용어 퀴즈

1 ☐춘장　☐촌장
한 마을을 다스리는 우두머리로, 당시 사로국은 나라를 다스리는 왕이 없었고, 각 마을의 촌장이 마을을 다스렸을 것이라고 짐작해.

2 ☐거서간　☐어서가
신라에서 초기에 임금을 부르던 말이야. 이후 신라에서는 차차웅, 마립간, 이사금 등 임금이나 왕이라는 말 대신 다양한 호칭이 사용되었어.

정답 1 촌장　2 거서간

신비한 광경을 본 촌장들은 아이가 박처럼 생긴 알에서 나왔다하여 성을 '박'으로, 세상을 밝게 비춘다는 뜻으로 이름을 '혁거세'라고 지었어. 촌장들의 보살핌 속에 잘 자란 박혁거세는 13세가 되었을 때 훗날 신라가 되는 사로국의 **거서간**이 되었단다.

박혁거세의 부인도 신비한 탄생 이야기를 가지고 있다고?

박혁거세와 혼인을 한 알영 부인도 탄생과 관련해 전해 오는 이야기가 있어. 박혁거세가 거서간이 된 뒤 어느날 알영이라는 우물가에 용이 나타났어. 그리고 용의 오른쪽 옆구리에서 한 여자아이가 태어났단다. 아이가 태어나는 것을 본 한 할머니가 그 아이를 거두고 이름을 '알영'이라고 붙여 줬지. 아이의 입은 마치 닭의 부리 모양과 같았는데 월성 북쪽 냇물에 데려가 목욕시키자 부리가 떨어져 나갔어. 아이는 잘 성장해 박혁거세의 왕비가 되었단다.

박혁거세는 신라를 60년 동안 다스리다가 숨을 거두어 오늘날 경주에 있는 오릉에 묻히게 되었어.

박혁거세가 숨을 거두어 하늘로 올라간 뒤 몸이 조각조각 나뉘어 땅으로 떨어졌다고 해. 그 무렵 알영 부인도 숨을 거두자 사람들은 왕의 시신을 하나로 모아 왕비와 함께 장례를 지내려고 했어. 그런데 큰 뱀이 나타나 사람들을 쫓아다니며 방해해 박혁거세의 몸통과 팔, 다리 등 다섯 부분을 따로 묻은 것이 다섯 개의 능이 되었다고 해.

▲ 오릉(경북 경주)

박, 석, 김씨 성을 가진 이들이 돌아가며 왕이 되었다고?

신라는 나라를 세우고 오랫동안 박, 석, 김 등 세 성을 가진 세력들이 번갈아 가며 왕인 **이사금**이 되었어. 신라의 석씨와 김씨 성을 가진 왕과 시조들은 성장과 관련해 재미있는 이야기를 가지고 있단다.

한국사 용어 퀴즈

1 □이소금 □이사금
   신라 때 임금을 부르던 칭호의 하나야. 이것은 '치리(齒理)'라는 '이가 많은 사람', '연장자로 지혜로운 사람'이라는 말에서 유래했다고 해.

2 □용성국 □왕성국
   석탈해가 태어난 나라로 알려져 있는데 멀리 왜(일본) 동북쪽 천리 밖에 있는 곳으로 다파나국이라고도 한다고 기록되어 있어.

🔑 1 이사금 2 용성국

신라는 초기에 석씨와 박씨가 번갈아가며 왕위를 물려받았고, 13대 미추 이사금이 처음으로 김씨 성을 가진 왕으로 즉위하였어. 이후 석씨 성을 가진 왕은 16대 흘해 이사금이 마지막이었고, 500년 이상 김씨 성을 가진 왕이 즉위하였어.

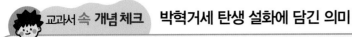 교과서 속 **개념 체크** **박혁거세 탄생 설화에 담긴 의미**

이야기	담긴 의미
알에서 태어났음.	보통 알은 새가 낳는 것으로, 하늘을 나는 새는 곧 '하늘의 뜻', '하늘에서 온 사람'을 의미함. → 보통 사람과 다른 특별한 존재를 나타냄.
닭의 부리를 가진 아이(알영)가 박혁거세와 결혼함.	신라는 예로부터 닭과 관련된 이야기가 많고, 닭을 숭배했다고 함. → 닭을 숭배하는 집단이 알에서 태어난 집단(박혁거세)과 결합하여 나라를 세웠다는 의미가 담겨 있음.

● **박혁거세에 대한 이야기를 함께 정리해 봐요.** 정답 189쪽

🔆 **인물 탐구** O, X Quiz

❶ 박혁거세의 부인인 '알영' 역시 알에서 태어났어요.

(O, X)

❷ 박혁거세를 시작으로 신라는 계속 박씨 성을 가진 왕이 나라를 다스렸어요.

(O, X)

❸ 신라에서는 임금이나 왕을 '거서간', '이사금' 등으로 불렀어요.

(O, X)

✒️ **인물 한 문장 쓰기**

"정해진 답 대신 여러분의 생각을 자유롭게 써 보세요."

● 박혁거세는 정말 알에서 태어나 신라의 왕이 되었을까요?

....

....

....

철의 나라 가야 연맹의 왕

김수로왕

비주얼
씽킹

참쌤 동영상

● **살았던 때** 삼국 시대, ?~199년
● **했던 일** 가야 연맹 중 하나인 금관가야를 세운 왕
● **키워드** #금관가야 #철기 문화 #알 #구지가

한 개도 아니고 여섯 개의 알에서 태어난 아이들이 있다고?

약 2천 년 전 낙동강 근처 평야 지대로 가 볼까? 그곳은 아직 나라의 이름도 없이 예전부터 '간'이라는 부족의 우두머리들이 사람들을 다스리며 살고 있었어. 하루는 마을의 북쪽 **구지봉**에서 이상한 소리가 들리는 게 아니겠어? 그래서 아홉 명의 간과 사람들은 함께 구지봉으로 향했지. 구지봉에 오르자 하늘에서 누군가 큰 소리로 말하기를…….

"하늘이 이곳에 나라를 새로 세우라고 명하셨다. 너희는 춤을 추며 이렇게 노래를 불러라. '거북아, 거북아, 머리를 내밀어라, 내밀지 않으면 구워서 먹으리.'"

아홉 명의 간과 사람들은 그 말에 따라 춤을 추며 노래를 불렀어. 그러자 하늘에서 붉은 천에 싸여 있는 금빛 상자가 내려왔지. 상자 안에는 황금빛의 알 여섯 개가 있었어.

이튿날 여섯 개의 알에서 차례대로 사내아이들이 태어났어. 가장 먼저 나온 아이에게 '수로'라는 이름을 지어 주었지. 수로는 가야 연맹 중 금관가야의 왕이 되었단다.

한국사 용어 퀴즈

1 ☐ 구지봉 ☐ 국기봉
경상남도 김해시에 있는 작은 봉우리인데, 그 봉우리의 모양이 거북이가 엎드린 모습과 비슷하다고 해.

📖 1 구지봉

김수로왕의 부인은 먼 바다를 건너 어디에서 왔을까?

가야의 김수로왕은 무려 150년이나 살았다는 전설이 있어. 김수로왕과 함께 알에서 태어난 아이들도 자라서 각각 여섯 가야의 왕이 되었단다. 김수로왕의 부인은 우리나라가 아닌 먼 나라에서 왔다는 이야기가 전해 오고 있어.

파도를 잠재우는 파사 석탑!

어느 날 금관가야에 **파사 석탑**을 배에 싣고 허황옥이란 이름을 가진 공주가 도착했어.

공주는 멀리 **아유타국**에서 왔는데 아버지가 동쪽으로 가서 그곳에서 혼인할 왕을 만나라 하였다는 거야.

김수로왕

가야

김수로왕은 기뻐하며 허황옥을 맞이하였고, 둘은 혼인을 치러 부부가 되었어.

김수로왕과 허황옥 사이에는 열 명의 자녀가 태어났고, 그 중에 둘은 어머니의 성을 따라 허씨 성을 가졌어.

허 씨

허 씨

▲ 허황옥이 가져왔다고 알려진 파사 석탑(경상남도 김해)

허황옥이 왔다고 알려진 아유타국은 어디일까? 역사가들은 아유타국은 오늘날 인도의 한 곳이 아니었을까 짐작하고 있어. 허황옥은 김수로왕과 결혼하여 여러 자녀를 두었는데 그 중 두 아들은 어머니의 성을 따랐어. 그래서 우리나라에 허씨 성을 뿌리내렸다고 해.

가야의 여섯 개 알에 대한 이야기에 담긴 의미는 무엇일까? 김수로왕을 비롯한 가야 연맹의 여섯 왕은 그곳에 살던 사람들이 아니라 북쪽에서 내려온 고조선 세력의 사람들이었다고 해. 그들은 철기 문화를 앞세워 가야 지역에 살던 사람들을 다스리고, 여섯 개의 작은 나라를 세웠어. 그리고 자신들은 하늘이 내려 준 알에서 태어난 신성한 존재라는 이야기를 전하여 널리 퍼뜨렸다고 해.

한국사 용어 퀴즈

1 □파사 석탑 □피사탑
허황옥이 바다를 건너 가야에 올 때 거친 파도를 잠재우기 위해 싣고 온 석탑이라고 해. 경상남도 김해 수로왕비릉에 가면 탑을 직접 볼 수 있어.

2 □아욱국 □아유타국
가야의 수로왕의 부인인 허황옥이 왔다고 전해지는 나라로 오늘날 인도의 한 지역이라는 주장이 있어.

답 1 파사 석탑 2 아유타국

| 철기 문화를 꽃피운 가야에 나타난 신라의 왕은 누구였을까?

한반도 남쪽에 자리 잡은 가야는 물이 풍부하고 토지가 비옥해 예부터 농사를 지으며 사람들이 모여 살기 좋은 곳이었어. 이러한 가야를 크게 발전할 수 있게 한 것은 바로 철이었단다.

철이 풍부하게 생산되는 가야는 바닷길을 이용해 주변의 **낙랑**이나 왜 등 다른 나라에 철을 수출하고 **중계 무역**을 하며 나라를 발전시켰어. 김수로왕의 자리를 빼앗기 위해 살기 좋은 가야로 온 사람이 있었는데 바로 신라의 왕이 될 석탈해였단다.

김수로왕에게 패한 석탈해는 결국 항복을 하고, 급히 배를 타고 신라가 있는 곳으로 사라졌다고 해.

그런데 왜 우리는 가야를 포함한 '사국 시대'가 아닌 '삼국 시대'라고 하는 걸까? 가야는 고구려, 신라, 백제 등 삼국처럼 왕을 중심으로 힘을 모아 중앙 집권 국가 체제를 이룬 것이 아니었어. 작은 나라들이 독자적이고 평등한 관계를 바탕으로 모인 연맹 국가였기 때문에 오랜 역사를 간직했음에도 강력한 중앙 집권 국가 체제를 갖춘 삼국과 경쟁하지 못했어.

형성	삼국이 세워질 무렵, 낙동강 유역에 여러 가야가 세워져 연맹을 이룸.
발전	• 물이 풍부하고 땅이 비옥해 농업이 발달하였음. • 질 좋은 철을 생산하여 농기구와 무기를 만드는 데 사용하였음. • 다른 나라와 철을 교역을 하고, 흙을 이용해 다양한 토기를 만듦.
쇠퇴	힘을 하나로 모으지 못하여 더 이상 성장하지 못하고 백제와 신라의 공격을 받아 멸망함.

● 가야의 김수로왕에 대한 이야기를 함께 정리해 봐요. 정답 189쪽

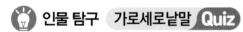 인물 탐구 가로세로낱말 Quiz

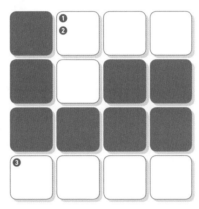

❶ 김수로왕의 부인인 허황옥은 [ㅇ][ㅇ][ㅌ]국에서 배를 타고 건너온 공주였어요.

❷ 하늘에서 들려오는 말에 따라 [ㅇ][ㅎ]명의 간들이 구지봉에 올라 노래를 부르고 춤을 추었어요.

❸ 여섯 개의 알 중 첫 번째로 태어난 김수로는 이후 [ㄱ][ㄱ][ㄱ][ㅇ]의 왕이 되었어요.

✒ 인물 한 문장 쓰기

"정해진 답 대신 여러분의 생각을 자유롭게 써 보세요."

 ● 만약 가야가 하나의 나라로 발전했다면 어땠을까요?

신라의 삼국 통일을 완성한 왕
문무왕

비주얼 씽킹
참쌤 동영상

- **살았던 때** 삼국 시대, 626년~681년
- **했던 일** 삼국 통일을 완성한 신라의 30대 임금
- **키워드** #삼국 통일 #나당 전쟁 #호국대룡 #대왕암

김법민은 왜 '문무왕'이라는 호칭이 붙었을까?

무열왕 김춘추의 아들로 태어난 문무왕 김법민은 젊은 시절부터 아버지인 무열왕과 전쟁 영웅 김유신을 따라 수많은 전투에 참여했어. 태자 시절 김법민은 김유신과 함께 백제의 사비성을 함락시키고 백제 왕의 항복을 받아 냈지. 661년 무열왕이 숨을 거두자 신라의 30대 임금 문무왕으로 즉위하여 신라의 삼국 통일을 완수하기 위해 끊임없이 노력했어.

신라와 당은 함께 고구려와 백제를 정복했지만 당은 약속과는 다르게 한반도 전체를 지배하려고 했어. 그러자 문무왕은 직접 옛 백제 땅에 머물던 당의 군대를 공격하기로 마음먹었지. 이것이 **나당 전쟁**의 시작이었어.

고구려와 백제를 정복하고 한반도에서 당의 군대를 몰아내며 신라의 삼국 통일을 완성했어.

한편 나라 안을 잘 다스려 태평성대를 이룩한 그는 문무를 겸비하여 문무(文武)왕이라는 칭호를 얻었어.

한국사 용어 퀴즈

1 ☐ 나당 전쟁 ☐ 남북 전쟁
신라와 함께 고구려, 백제를 정복한 당이 한반도 전체를 차지하려 하자 신라가 당의 세력을 몰아낸 전쟁이야.

🔗 1 나당 전쟁

676년 기벌포 전투에서 신라가 당 군대를 몰아내며 승리를 거두었어. 비록 옛 고구려 땅의 일부를 당에게 내어 주었지만 대동강 남쪽의 영토를 지킨 문무왕은 드디어 삼국 통일의 업적을 완수했어.

삼국 통일 이후 문무왕은 눈을 돌려 나라 안을 살피기 시작했어. 먼저 행정 구역을 새롭게 바꾸고 백성들의 소리를 듣기 위해 각 지역에 감찰관을 파견했어.

또한 왕권을 위협하는 귀족 세력을 견제하는 동시에 **골품제**에 막혀 능력을 발휘하지 못하던 이들을 뽑아 나랏일을 맡기기도 했어. 그리고 전쟁에 쓰였던 많은 무기들을 모두 녹여 농기구로 만들고 이를 농사일에 사용하도록 하였다고 해.

│ 문무왕은 죽어서도 용이 되어 신라를 지켰다고?

삼국 통일을 완성하고 나라 안으로는 태평성대를 이룩한 문무왕은 681년에 숨을 거두었어. 문무왕은 이전 왕들과 달리 화려한 부장품이 마련된 커다란 무덤에 묻히길 원하지 않았어. 출세한 영웅도 죽은 뒤에는 결국 이름만 남겨질 뿐이라며 신라의 도읍 **경주**가 아닌 동해 바다에 자신의 무덤을 만들어 주기를 바랬단다.

짐은 죽은 뒤에 나라를 지키는 큰 용(호국대룡)이 되어 불법을 받들고 나라를 수호하고자 한다.

681년 7월에 숨을 거둔 문무왕은 장례를 치르고 동해에 묻혔어. 이후 문무왕이 용이 되어 신라를 수백 년 동안 지켜주었다는 전설이 전해져 내려와.

문무왕은 신라를 지키는 용이 되고 싶다며 자신이 죽거든 바다에서 장례를 치르라는 유언을 남겼다고 해.

당과 일본의 침입을 걱정했던 문무왕은 죽어서도 신라를 지키는 큰 용(**호국대룡**)이 되고자 했어. 과연 문무왕은 얼마나 신라에 대한 사랑과 애틋한 마음을 가지고 있었던 것일까? 문무왕의 유언 덕분이었는지 모르지만 신라는 수백 년 동안 일본으로부터 침략을 당하는 일이 거의 없었다고 해.

한국사 용어 퀴즈

1 □골품제   □관등제
신라의 신분 제도. 성골과 진골은 왕족과 귀족으로 가장 높은 계급이었고, 그 아래에 1두품부터 6부품의 계급을 두었어.

2 □공주   □경주
오늘날 경상북도 경주는 사로국으로 시작한 신라의 도읍으로 이곳에서 다양한 신라의 유적과 유물이 발견되고 있어. 경주는 계림, 서라벌 등으로 불리다가 고려 때 경주로 불리기 시작했어.

3 □호국대룡   □와호장룡
'나라를 지키는 큰 용'이라는 뜻으로 당과 일본으로부터 신라를 지켜 내고자 했던 문무왕의 바람이 잘 드러나 있어.

답 1 골품제 2 경주 3 호국대룡

문무왕의 무덤은 어디에 있을까?

경상북도 경주시 대종천 앞바다에는 크고 작은 바위가 모여 있는 바위섬이 있어. 이곳은 옛날부터 '대왕암' 또는 '대왕 바위'라고도 불리며 문무왕의 전설이 전해진다고 해. 그래서 이곳에서 바다에 나가 전복이나 미역을 따던 해녀들은 대왕암을 신성하게 여겨 함부로 가까이 가지 않았다고 해. 문무왕의 전설이 전해지는 대왕암이 정말 문무왕의 바다 무덤일까?

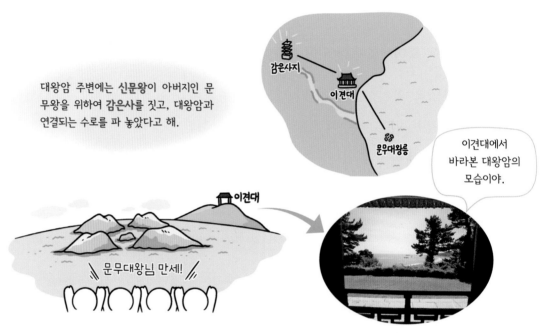

대왕암 주변에는 **신문왕**이 아버지인 문무왕을 위하여 **감은사**를 짓고, 대왕암과 연결되는 수로를 파 놓았다고 해.

문무대왕님 만세!

이견대에서 바라본 대왕암의 모습이야.

한국사 용어 퀴즈

1 ☐ 신문왕 ☐ 반칙왕

신라 31대 임금, 문무왕의 아들로 왕권을 강화하는 데 힘쓴 왕이야. 신문왕은 동해 바다에 나가 용에게 만파식적이라는 신비한 피리를 받았다는 이야기가 있어.

2 ☐ 조계사 ☐ 감은사

신문왕이 아버지인 문무왕의 뜻을 이어받아 지은 절로 오늘날에는 석탑과 절터만 일부 남아 있어.

🔑 1 신문왕 2 감은사

대왕암 근처에 신문왕이 만들었다는 '이견대'라는 전망대를 올라가면 멀리 대왕암이 한눈에 내려다보인단다. 그래서 전해 오는 여러 이야기와 역사적 기록들을 바탕으로 많은 사람들은 대왕암이 문무왕의 무덤일 거라고 짐작하고 있어.

대왕암은 위에서 보면 '열 십(十)'자 형태의 수로와 뚜껑돌로 짐작되는 돌이 있는 독특한 모습이 나타나.

 **교과서 속 개념 체크** **신라의 삼국 통일 과정**

고구려와 백제를 공격하고자 신라와 당이 동맹을 결성함(나당 동맹).

→

나당 연합군의 공격으로 사비성이 함락되면서 백제가 멸망함(660년).

→

나당 연합군의 공격으로 평양성이 함락되면서 고구려가 멸망함(668년).

→

신라가 당의 군대를 몰아내면서 삼국 통일을 이룩함(676년).

● **문무왕에 대한 이야기를 함께 정리해 봐요.** 정답 189쪽

💡 **인물 탐구** **사다리** **Quiz**

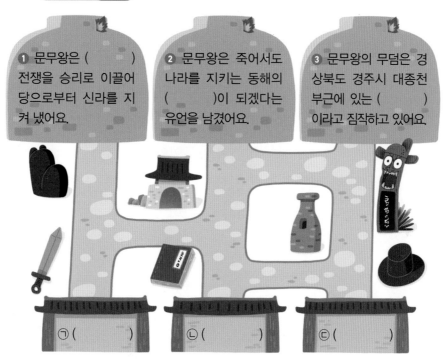

❶ 문무왕은 (   ) 전쟁을 승리로 이끌어 당으로부터 신라를 지켜 냈어요.

❷ 문무왕은 죽어서도 나라를 지키는 동해의 (   )이 되겠다는 유언을 남겼어요.

❸ 문무왕의 무덤은 경상북도 경주시 대종천 부근에 있는 (   )이라고 짐작하고 있어요.

㉠ (   )　㉡ (   )　㉢ (   )

🖊 **인물 한 문장 쓰기**

" 정해진 답 대신 여러분의 생각을 자유롭게 써 보세요."

● 문무왕은 왜 죽어서도 신라를 지키는 용이 되겠다고 하였을까요?

고구려의 영광을 재현한 왕
대조영

비주얼 씽킹!

참쌤 동영상

- **살았던 때** 남북국 시대, ?년~719년
- **했던 일** 고구려 유민들을 모아 발해를 건국함.
- **키워드** #발해 #동모산 #고구려 계승 #진

고구려가 멸망한 뒤 많은 고구려 유민들은 어떻게 되었을까?

666년 고구려의 권력자 연개소문이 죽자 그의 아들들은 서로 권력을 차지하려 싸웠고, 나라를 돌보지 못한 탓에 고구려는 안팎으로 혼란을 겪었어. 그리고 결국 668년 신라와 당의 연합군에 의해 고구려는 멸망하였단다.

고구려의 땅을 차지한 당은 옛 고구려 땅에 살던 고구려 유민들을 강제로 당에 옮겨 살게 했어. 혹시나 고구려 유민들이 세력을 형성에 다시 고구려와 같은 나라를 세울까 걱정했기 때문이야.

그러나 어느새 흩어져 살던 고구려 유민과 **말갈족** 등이 모여 세력을 만들기 시작했단다. 이들을 이끄는 사람이 있었으니 고구려 유민으로 알려진 대조영이었어. 대조영의 탄생과 어린 시절은 기록으로 전해지지 않지만 옛 고구려 영토인 영주 지역에 살던 가문의 후손이라고 해.

한국사 용어 퀴즈

1 ☐유민 ☐주민

나라가 망해서 없어진 후 그곳에 속해 있던 주민이나 백성을 의미해. 고구려가 멸망한 이후 고구려 유민들은 여기저기 흩어져 살게 되었어.

2 ☐말가죽 ☐말갈족

예부터 만주 지역과 고구려 주변에서 활동하던 부족으로 대조영이 발해를 건국할 때 함께 힘을 모았어. 이후 이들은 여진족, 만주족 등으로 불리게 되었어.

📖 1 유민 2 말갈족

혹시 세력을 키울지 모르니 미리 싹을 밟아야 해!

고구려 멸망

고구려 유민들은 힘을 모아 당의 군대에 대항하며 나라를 세우려 노력했지만 모두 실패하고 말았어.

고구려 유민들의 움직임이 심상치않다..

그러나 대조영은 나라를 세우고자 고구려 유민과 말갈족을 모아 세력을 만들고 이들을 이끌었어.

옛 고구려 영토에 나라를 세운 까닭은 무엇일까?

한편 당과 갈등을 겪던 거란족이 당의 군대와 전투를 벌이자 이틈을 타서 대조영은 세력을 이끌고 옛 고구려 영토인 요동 지역으로 도망쳤어.

당은 대조영에게 항복할 것을 몇 차례나 회유했지만 대조영은 새 나라를 세우겠다는 의지를 불태웠어. 결국 당은 군사를 보내 대조영 세력을 공격했단다.

대조영은 아버지와 동료를 잃는 와중에도 전투를 포기하지 않았어. 후퇴를 하던 대조영 세력은 천문령에서 결전을 준비했어. 이 소식을 들은 고구려 유민과 말갈족은 그동안 당으로부터 당한 고통을 복수하자며 대조영을 돕겠다고 모였어.

대조영은 고구려 유민과 말갈족의 지원 덕에 천문령 전투에서 당 군대를 물리치고 승리를 거두었어. 그리고 동모산 부근에 '진'을 세웠어.

이후 고구려 유민과 말갈족들은 대조영을 찾아와 진의 세력은 갈수록 강해졌단다.

당은 결국 대조영을 한 나라의 왕으로 인정하고 '발해군왕'이라는 관직을 내렸어.

당의 군대와 벌인 천문령 전투에서 승리한 대조영은 세력을 이끌고 오늘날 중국 땅인 길림성 돈화현의 동모산 부근에 도착하였어. 그리고 이곳을 도읍으로 정하고 '진'이라는 나라를 세웠단다.

713년 당으로부터 '발해군왕(渤海郡王)'이라는 **관직**을 받게 된 대조영은 당을 비롯한 **돌궐**, 거란 등 주변 여러 나라에게서 발해의 왕으로 인정을 받게 돼. 이후 대조영은 나라의 이름을 진에서 발해로 바꾸었단다.

세력이 크게 늘어난 발해는 옛 고구려 지역의 땅을 하나둘씩 차지하였어. 이때부터 우리나라는 남쪽에는 신라, 북쪽에는 발해가 있는 '남북국 시대'가 시작되었단다.

한국사 용어 퀴즈

1 ☐관직　　☐정직

황제나 왕이 아랫사람에게 맡기는 책임을 의미해. 당시 당은 대조영에게 어쩔 수 없이 발해 지역을 다스리는 왕이라는 의미의 발해군왕을 관직으로 내려 준단다.

2 ☐동굴　　☐돌궐

중앙아시아의 유목 민족으로 중국의 수, 당과 세력을 다투기도 했어. 돌궐은 당과 발해 사이를 가로막아 당이 발해에 영향을 주기 어렵게 만들었어.

정답 1 관직　2 돌궐

| 발해에서 고구려의 자취가 느껴지는 까닭은 무엇일까?

대조영은 21년 동안 발해를 다스리며, 당의 **연호**를 따르지 않고 독자적인 발해만의 연호를 사용했어. 대조영 이후 즉위한 왕들은 외교 문서를 보내거나 사신을 대할 때 옛 고구려를 의미하는 '고려국왕' 또는 '고려왕'이라는 표현을 사용했지.

발해 사람들이 스스로 나라를 고려(고구려)라고 불렀던 까닭은 삼국 시대 당시 한반도를 넘어 먼 지역까지 영토를 넓히고 한반도와 만주 지역에서 강력한 힘을 가졌던, 자신들의 조상인 고구려인들의 모습을 닮고 싶어서가 아니었을까?

이후 발해는 9세기에 전성기를 맞이했어. 이때 옛 고구려 땅을 대부분 되찾았고, 만주와 연해주 지역까지 이르는 큰 영토를 차지했지. 또한 발해는 초기에는 당과 대립하였지만 이후 관계를 회복하며 당의 제도와 문화를 받아들여 크게 발전했어.

▲ 발해의 전성기 영토

▲ 발해의 장식 기와인 치미

한국사 용어 퀴즈

1 ☐ 연우　　☐ 연호

옛날에 나라의 황제나 왕이 즉위하거나 특별히 정한 때를 기준으로 1년을 세는 방법이야. 발해는 당시 건흥, 보력, 대흥 등의 연호를 사용하며 당으로부터 벗어나 독자적인 세력임을 강조했어.

2 ☐ 문왕　　☐ 무왕

발해의 3대 왕으로 나라의 여러 제도를 정비하고 도읍을 옮기기도 했어. 일본 역사서에는 문왕이 스스로를 고려국왕, 고려왕 등으로 불렀다는 것이 기록되어 있어.

정답 1 연호　2 문왕

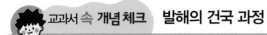 **교과서 속 개념 체크   발해의 건국 과정**

고구려를 멸망시킨 당은 고구려 유민들을 강제로 당으로 이주시킴.	→	당의 감시를 피해 탈출한 대조영 세력은 천문령 전투에서 당의 군대에 승리함.	→

대조영은 동모산 기슭에 도읍을 정하고 '진(발해)'을 건국함.	→	발해는 고구려의 옛 땅을 대부분 차지하고 고구려 문화를 계승함.	

● **대조영에 대한 이야기를 함께 정리해 봐요.** 정답 189쪽

💡 **인물 탐구 O, ✕ Quiz**

❶ 대조영은 천문령 전투에서 고구려 유민과 말갈족을 이끌고 당의 군대와 싸웠어요.　(**O**, **✕**)

❷ 대조영은 동모산 부근에 진(발해)이라는 나라를 세웠어요.
　　　　　(**O**, **✕**)

❸ 대조영이 세운 발해는 백제를 계승한 나라예요.
　　　　　(**O**, **✕**)

✒ **인물 한 문장 쓰기**

" 정해진 답 대신 여러분의 생각을 자유롭게 써 보세요."

● 대조영은 왜 옛 고구려의 땅에 나라를 세웠을까요?

_____

_____

_____

후삼국을 통일하고 고려를 세운 영웅
왕건

- **살았던 때** 고려 시대, 877년~943년
- **했던 일** 후삼국을 통일하고 고려를 세운 왕
- **키워드** #고려 건국 #공산 전투 #궁예 #훈요십조

왕건은 어떻게 고려를 세우게 되었을까?

송악(개경)에 살고 있던 왕륭은 고구려 유민 출신의 부유한 호족이었어. 왕륭의 집에 하루는 늙은 스님이 나타나 이곳에서 동방의 임금이 태어날 것이라고 하였어. 이후 왕륭은 877년에 아들을 낳고 이름을 왕건이라고 지었어.

당시 신라는 과거의 힘을 잃었고, 도읍 주변을 제외한 지역에서는 여러 세력이 서로 지배하겠다며 다투던 혼란한 시기였어.

이때 송악과 그 주변 지역에서 세력을 넓히고 있던 궁예를 만난 왕건은 이들과 뜻을 함께하기로 하였단다.

한국사 용어 퀴즈

1 ☐ 호적　☐ 호족

신라부터 고려 초까지 지방에서 세력을 키워 활동하던 이들을 말해. 이들은 지방에서 강력한 권력을 휘두르며 왕권을 견제하기도 했어.

2 ☐ 신중　☐ 시중

후고구려와 고려에 있었던 관직으로 왕 다음으로 높은 자리였어. 오늘날 우리나라의 국무총리와 비슷할 거야. 왕건은 수많은 공을 세워서 젊은 나이에 시중의 자리에 올랐단다.

🔑 1 호족　2 시중

훌륭한 인품과 용맹함을 가진 왕건이 여러 전투에서 활약하자 후고구려를 세운 궁예는 그를 시중의 자리에 앉히고 무척이나 아꼈지.

내가 미륵이야! 너희의 속마음을 다 알고 있다!!

그러나 궁예는 주변 신하를 괴롭히거나 죽이기까지 하며 점점 사람들의 믿음을 잃기 시작했어.

국호는 고려, 도읍은 개경으로 한다!

918년, 결국 왕건과 신하들은 궁예를 몰아냈어. 그리고 왕이 된 왕건은 나라 이름을 '고려'로 바꾸었어.

위기에 빠진 왕건을 구한 사람은 누구였을까?

왕건이 세운 고려는 여전히 후삼국의 한 나라에 불과했어. 927년에 공산에서 고려와 후백제 사이에 치열한 전투가 벌어졌는데 그만 고려군은 후백제군의 **매복**에 휘말려 위기를 맞이하였고 왕건의 목숨도 위험한 상황에 빠졌지. 그때 왕건의 의형제와도 같았던 신숭겸 장군이 왕건을 구하기 위해 자신의 목숨을 걸었단다.

전하, 제가 전하의 복장을 할터이니 어서 이곳을 빠져나가십시오.

신숭겸

왕건

신숭겸은 왕건의 옷을 대신 입고 왕건이 도망칠 수 있도록 도왔어. 그 덕분에 왕건은 무사히 탈출하였지만 신숭겸은 결국 목숨을 잃게 되었어.

이후 고려의 왕 예종은 태조 왕건을 위해 목숨을 바쳤던 신숭겸과 김락 장군을 위한 시를 지어 이들의 충성하는 마음을 기렸어.

두 공신의 업적은 오래 오래 빛나리라~!

예종

신숭겸 장군

김락 장군

한국사 용어 퀴즈

1 ☐ 매복   ☐ 음복
상대편의 움직임을 살피거나 불시에 공격하기 위해서 몰래 숨어있는 것을 의미해. 왕건은 공산 전투에서 후백제군의 매복에 걸려서 목숨을 잃을 뻔했단다.

2 ☐ 충혈   ☐ 충절
충성스러운 태도를 의미해. 신숭겸과 김락 장군이 왕건을 대신하여 목숨을 바친 끝에 왕건은 목숨을 건질 수 있었지.

정답 1 매복 2 충절

수많은 군사를 잃은 왕건은 가까스로 살아남아서 고려로 돌아갈 수 있었어. 이후 고려의 16대 임금 예종은 '도이장가'라는 시를 지어서 당시 태조 왕건을 위해 목숨을 바친 신숭겸, 김락 장군의 **충절**을 기렸단다.

▼ 신숭겸 장군의 묘(강원도 춘천)

| **왕건이 수많은 부인과 자식을 두었던 까닭은 무엇일까?**

수많은 어려움을 이겨 내고 935년 신라와 936년 후백제를 정복한 왕건은 후삼국을 통일하였어. 이후 왕건은 나라를 통합하고 안정시키기 위하여 여러 지방의 호족들의 딸을 부인으로 맞이하였어. 왕건은 과연 몇 명의 부인과 결혼하였을까?

왕건은 여러 지방의 호족들의 딸과 결혼을 하게 돼. 왕건은 무려 29명의 부인들을 두었단다. 많은 수의 부인만큼 자녀의 수도 어마어마했을 거야.

또 한편으로는 기인 제도를 실시하여 호족 세력을 경계하기도 했어. 즉 지방 호족의 자제들을 도읍인 개경에 머물게 하여 지방에서 호족들이 함부로 반란을 일으킬 수 없도록 하였지.

나라를 안정시키는 한편 왕건은 북진 정책을 추진하여 함경도와 평안도 영토의 일부를 다시 찾아왔고, 죽음을 앞두고는 직접 『훈요십조』를 남겨서 후대 왕들이 나라를 다스리며 반드시 따라야 할 내용을 전하고자 했어.

고려의 후삼국 통일은 신라의 삼국 통일과 달리 외세의 개입이 없었고 후백제와 신라를 통합하고 발해 유민도 받아들여 민족 통일을 이룩하였다는 의의를 가지고 있어. 또한 고려는 옛 고구려, 백제, 신라의 문화를 받아들여 더욱 새로운 문화를 발전시키기도 하였단다.

교과서 속 **개념 체크**   **왕건의 『훈요십조』**

『훈요십조』	고려의 태조 왕건이 후대 왕들에게 나라를 잘 다스리기를 바라며 남긴 열 가지 유언
주요 내용	• 고려는 불교를 바탕으로 세워졌으니 절을 짓고 승려를 파견하라. • 맏아들이 왕위를 물려받는 것이 마땅하나 맏아들이 현명하지 못할 경우에 능력 있는 아들에게 왕위를 물려주어라. • 신하가 임금에게 하는 충고를 따르고 남을 헐뜯는 의견은 멀리하라. • 서경(평양)을 중요하게 여겨 1년에 100일 이상 머물러라.

● 왕건에 대한 이야기를 함께 정리해 봐요. 정답 189쪽

💡 인물 탐구   가로세로낱말 Quiz

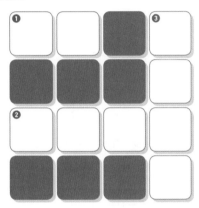

❶ 왕건은 후고구려의 왕이었던 ㄱ ㅇ 를 몰아내고 고려를 세웠어요.

❷ 공산 전투에서 ㅅ ㅅ ㄱ 장군의 희생으로 왕건은 위기에서 벗어났어요.

❸ 왕건은 후대 왕들이 지켜야 할 가르침이 담긴 『ㅎ ㅇ ㅅ ㅈ』를 남겼어요.

🖋 인물 한 문장 쓰기

"정해진 답 대신 여러분의 생각을 자유롭게 써 보세요."

● 왕건은 왜 궁예 대신에 고려의 왕으로 추대되었을까요?

500년 역사의 조선을 세운
이성계

비주얼 씽킹
참쌤 동영상

- **살았던 때** 고려~조선 시대, 1335년~1408년
- **했던 일** 신진 사대부와 함께 고려를 개혁하고 조선을 건국함.
- **키워드** #조선 건국 #위화도 회군 #신궁 #신흥 무인

고려의 새로운 인기 스타 이성계?

이성계는 고려 북방 지역에서 활약하던 무인 집안에서 태어났어. 이후 그는 원이 고려 영토 일부를 점령하고 설치한 쌍성총관부를 공격하여 공을 세우고 고려의 장수가 되었단다.

이성계는 외적의 침입으로부터 고려를 구한 전쟁 영웅이었어. 신흥 무인 세력으로 이성계의 명성이 높아지자 그의 주변에는 많은 사람들이 모여들기 시작했어.

이성계는 뛰어난 활 솜씨 덕분에 '신궁'이라 불렸어. 화살 70발을 쏴서 성벽 위에 있던 여진족 70명의 머리를 맞히기도 했고, 화살 하나로 새 5마리를 명중시켰다는 이야기가 전해질 정도였어.

한국사 용어 퀴즈

1 ☐ 왜구　　☐ 백구
고려 때부터 조선까지 우리나라와 중국의 해안에 침입하여 약탈을 일삼던 일본의 해적들을 말해.

2 ☐ 황건적　　☐ 홍건적
중국 원의 차별에 불만을 가진 한족 세력이 반란을 일으켰어. 이 사람들은 머리에 붉은 띠를 둘렀는데 이 때문에 이들을 홍건적이라고 했단다.

🔑 1 왜구　2 홍건적

이성계는 **왜구**와 **홍건적**, 여진족 등을 물리치고 원으로부터 고려를 구한 뛰어난 장군으로 신흥 무인 세력이었어. 이성계가 직접 군사를 이끌며 왜구를 크게 물리친 황산 대첩 때 왜구의 피로 바위가 물들었다고 해서 그 지역의 바위를 '피바위'라고 불렀어. 또한 스스로 병사들을 모아 개경까지 쳐들어온 10만의 홍건적을 물리치기도 했단다.

이성계가 위화도에서 군사를 돌려 개경으로 돌아간 까닭은 무엇일까?

당시 이성계가 왜구와 홍건적, 여진족 등 외세와 전투를 벌이며 큰 공을 세우고 있는 동안 왕권이 약해지고 권력을 차지한 귀족들은 대농장을 소유하며 백성들을 착취하는 등 고려 사회는 매우 혼란스러웠어.

한편 중국에서는 원이 멸망하고 명이 세워졌어. 명은 고려에 철령 북쪽의 땅을 내놓으라고 요구하였지. 고려 우왕이 이를 반대하자 명은 마음대로 철령 땅에 군사를 보내어 이곳을 명의 영토로 만들어버렸어. 그러자 우왕과 최영 장군은 고려가 명이 빼앗아간 철령 땅과 함께 옛 고구려 땅인 요동 지방까지 되찾아야 한다며 요동 정벌을 추진하였어.

요동 정벌의 임무를 맡게 된 이성계는 무리한 전쟁이라며 반대하였지만 왕의 명령을 거스를 수 없었어. 군사를 이끌고 요동 땅의 경계인 위화도에 도착한 이성계는 어떤 결정을 하였을까?

궂은 날씨 탓에 위화도에서 머물게 된 이성계는 강물이 불어 앞으로 더 이상 나아갈 수 없음을 왕에게 보고하였어.

요동을 공격하라는 우왕의 다그침에 마침내 이성계는 군사를 돌려 개경으로 향했어. 목표는 바로 고려의 권력과 개혁이었지.

이성계는 개경으로 돌아와 신진 사대부들과 개혁을 펼쳤으며, 이후 개혁 세력은 고려를 지킬 것인지 새 왕조를 세울 것인지를 두고 대립을 하게 돼.

이성계는 고려를 지키려는 **온건** 개혁파 등 반대 세력을 없애고 마침내 1392년 왕으로 즉위하며 '조선'을 건국하였단다.

한국사 용어 퀴즈

1 ☐ 선유도   ☐ 위화도
압록강 하류에 있는 섬으로, 명의 요동 땅을 정벌하라는 고려 우왕의 명령에 따라 이성계는 이곳까지 군사를 이끌고 오게 되었어.

2 ☐ 온건   ☐ 급진
생각이나 행동이 올바르고 착실한 것을 말해. 온건 개혁파는 고려를 지키고자 했던 신진 사대부 세력으로 대표적 인물로는 정몽주가 있단다.

답 1 위화도 2 온건

| 이성계가 둘째 아들인 태종에게 활을 겨눴던 까닭은 무엇일까?

조선을 건국한 이성계는 개경을 대신할 도읍을 정하고, 유교 정신을 바탕으로 나라를 다스리고자 했어. 함께 조선을 세우는 데 공을 세운 정도전은 재상이 중심이 되는 정치를 꿈꾸던 인물이야. 정도전은 자신들에게 유리하도록 태조 이성계에게 뒤를 이어 나라를 다스릴 세자로 어린 이성계의 막내아들을 책봉할 것을 건의하였지. 이러한 정도전의 의견에 크게 반대한 사람이 있었어. 누구였을까?

한국사 용어 퀴즈

1 □왕자의 난 □공주의 난
이성계의 막내아들을 세자로 책봉하자 불만을 품은 이방원이 일으킨 난이야. 난의 결과로 방번, 방석 왕자와 정도전을 비롯한 신하들이 목숨을 잃고 말았어.

2 □살풀이 □살곶이
화살이 꽂힌 곳이라는 지역 이름이야. 오늘날 서울 성동구의 하천가에는 이성계가 아들 이방원(태종)에게 활을 겨눠 쏜 화살이 꽂혔다는 이야기가 전해 오는 살곶이 다리가 있어.

🔑 1 왕자의 난 2 살곶이

조선을 세우는 데 큰 힘을 보탠 이성계의 둘째 아들 이방원은 정도전의 결정에 불만을 가지고 막내 동생을 죽이고, 정도전도 없앴어.

아들과 정도전을 잃은 이성계는 충격을 받아 왕위를 정종에게 물려주고 함흥으로 떠나게 되었어.

신하들의 간청으로 한양으로 돌아오던 이성계가 마중 나온 둘째 아들 이방원(태종)에게 활을 겨눠 화살을 쏘았던 **살곶이** 다리가 남아 있어.

왕자의 난을 겪은 이성계는 한양을 떠나 함흥에 머물면서 쓸쓸한 시간을 보냈고, 이후 태종 이방원과 신하들의 간청으로 한양으로 돌아온 뒤 1408년에 숨을 거두고 말았어.

▼ 이성계가 이방원(태종)에게 활을 겨눴다는 이야기가 전해 오는 살곶이 다리(서울 성동구)

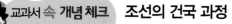

고려 조정은 명에 대항하여 요동 정벌을 추진함.

→

요동 정벌에 반발한 이성계는 위화도에서 군대를 돌려 개경으로 향함.

→

정권을 잡은 이성계는 신진 사대부와 함께 고려를 개혁함.

→

반대파를 제거하고 왕의 자리에 오른 이성계는 조선을 건국함(1392년).

● **이성계에 대한 이야기를 함께 정리해 봐요.** 정답 189쪽

💡 **인물 탐구** 사다리 **Quiz**

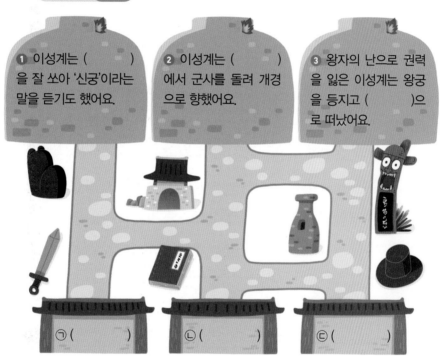

❶ 이성계는 (   ) 을 잘 쏘아 '신궁'이라는 말을 듣기도 했어요.

❷ 이성계는 (   ) 에서 군사를 돌려 개경 으로 향했어요.

❸ 왕자의 난으로 권력 을 잃은 이성계는 왕궁 을 등지고 (   )으 로 떠났어요.

㉠ (   )   ㉡ (   )   ㉢ (   )

🖊 **인물 한 문장 쓰기**

" 정해진 답 대신 여러분의 생각을 자유롭게 써 보세요."

● 이성계가 위화도에서 개경으로 가서 한 일은 무엇일까요?

_____

_____

대한 제국을 세운 우리나라 최초의 황제
고종

비주얼 씽킹
참쌤 동영상

● **살았던 때** 조선 ~ 대한 제국, 1852년~1919년
● **했던 일** 대한 제국을 세운 초대 황제
● **키워드** #대한 제국 #흥선 대원군 #명성 황후 #커피

| 조선에 왕이 아닌 황제가 있었다고?

흥선 대원군 이하응의 아들로 태어난 고종은 아버지의 노력 덕분에 왕위에 오를 수 있었어.

당시 조선은 외세의 간섭을 심하게 받았고 청과 일본, 러시아 등 여러 나라가 호시탐탐 조선을 노리고 있었어. **청일 전쟁**에서 승리한 일본이 조선을 지배하려는 욕심을 내자, 조선 조정은 일본을 견제하기 위해 러시아를 끌어들였어. 마침 고종의 부인인 명성 황후도 주변의 친일 세력을 없애려고 하였지. 그러자 일본은 자객을 궁으로 보내 명성 황후를 시해하는 일이 벌어졌어. 고종은 일본의 위협을 피해 러시아 공사관으로 피신했다가 1년 만에 궁으로 돌아오며 스스로 황제의 자리에 올라 대한 제국 수립을 선포하였단다.

한국사 용어 퀴즈

1 □ 러일 전쟁 □ 청일 전쟁
1894년에 조선의 지배를 두고 일본과 청이 벌인 전쟁이야. 일본의 승리로 청은 조선에 대한 영향력을 일본에 빼앗겼어.

2 □ 광무개혁 □ 갑오개혁
고종 황제가 옛 제도를 근본으로 하고 새로운 제도를 참고한다는 원칙을 바탕으로 정치, 경제, 군사, 교육 등 다양한 분야에서 실시한 개혁을 말해.

정답 1 청일 전쟁 2 광무개혁

고종 황제가 추진한 **광무개혁**은 상공업과 교육 분야에서 개혁의 성과를 거두었지만 황제의 권력을 강화하는 것만 중요시하고, 백성들의 권리는 제대로 보장하지 못하였어.

고종을 둘러싼 재미있는 소문이 있었다는데 사실일까?

고종은 외세의 간섭이 심해지는 상황에서 대한 제국과 자신의 자리를 지키기 위해 미국, 러시아 등 서양 세력의 힘을 이용하기도 했어.

명성 황후를 잃고 홀로 지내던 고종은 미국에서 온 목사의 딸 에밀리 브라운을 만나게 된단다. 그녀의 명석함에 반한 고종은 그녀를 자주 궁궐로 불러 이야기를 나누었어. 그 결과 '보스턴 선데이 포스트'라는 미국 신문에 깜짝 놀랄 만한 기사가 실리게 되었어.

미국 신문인 '보스턴 선데이 포스트'에 고종과 에밀리 브라운의 결혼 기사가 실리게 돼.

이후 신문 기사는 가짜로 밝혀졌지만 많은 사람들의 관심을 받았어. 급기야 미국 공사관에서는 고종 황제가 에밀리 브라운과 결혼한다는 소문은 사실이 아니라는 발표를 하기도 했어.

유난히 좋아하는 것이 많았던 고종의 은밀한 취미는?

한편 고종은 다른 나라에서 온 사신들과 여행가, 선교사 등을 만나며 새로운 문물을 접할 수 있었단다. 특히 고종은 커피를 무척이나 사랑했어.

한국사 용어 퀴즈

1 ☐ 공사관　☐ 공사장
국가의 공적인 일을 맡아하기 위해 파견된 공사가 지내며 근무하던 곳으로 오늘날 대사관과 비슷한 역할을 했어. 미국 공사관은 외국의 공사관으로는 최초로 1883년 서울에 지어졌어.

2 ☐ 세배　☐ 가배
고종은 서양식 정자인 정관헌을 짓고, 이곳에서 '양탕국', '가배차' 등으로 불렸던 커피를 즐겼다고 해.

정답 1 공사관　2 가배

고종은 커피와 함께 와플을 먹는 것을 매우 즐겼다고 해.
당시 대한 제국에 들어온 커피는 한자의 소리를 빌려 **가배**라고 불렸어.

▲ 고종이 커피를 즐겼다고 알려진 경복궁 정관헌

고종은 사진찍는 것도 좋아했어. 그 당시 사진을 찍으려면 꽤나 오랜 시간을 기다려야 했지만 즐거워하며 즐겼다고 해. 그래서 고종을 직접 찍은 사진이 많이 남아 있지. 그리고 자동차에도 관심이 매우 많았어. 미국과 독일에서 만들어진 것으로 고종 황제가 탔던 자동차가 국립 고궁 박물관에 남아 있단다. 당시 백성들의 삶과는 거리가 멀었지만 다른 나라의 문물에 대해 관심이 많았던 고종의 모습을 알 수 있어.

| 고종은 어쩌다 강제 퇴위를 당하였을까?

고종은 을사늑약의 부당함을 알리고 대한 제국을 지키기 위해 몰래 네덜란드 헤이그에서 열리는 만국 평화 회의에 **특사**를 파견하려 했어. 그러나 특사들의 활동이 그만 일본에게 알려지고 말았어.

고종은 을사늑약의 부당함을 알리기 위해 이준, 이상설, 이위종 등을 특사로 임명하고 이들을 네덜란드 헤이그로 보냈지.

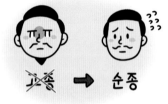

이를 알게 된 일본은 고종을 위협하여 결국 고종은 원치 않게 황제의 자리를 순종에게 물려주었어.

힘이 없어진 고종과 대한 제국은 일본에게 사법권과 경찰권을 빼앗기고 군대마저 해산하였단다.

이후 일본은 대한 제국의 국권마저 빼앗고, 결국 우리나라를 일본의 식민지로 삼게 되었어.

한국사 용어 퀴즈

1 □을사늑약 □을사오적
1905년에 일본이 우리나라의 외교권을 빼앗기 위해 강제로 맺은 조약이야. 이때 일본에 협조한 우리나라 관리들을 을사오적이라고 해.

2 □독사 □특사
특별한 임무를 맡아 파견되어 일을 수행하는 사람을 말해. 당시 헤이그에 도착한 특사들은 여러 나라의 대표들이 만나 주지 않아 고종의 뜻을 전할 수 없었어.

1 을사늑약 2 특사

일본이 고종을 강제로 퇴위시켰다는 사실이 알려지자 시민들은 이에 분노하여 친일파인 이완용의 집을 불태우고 고종을 다시 황제의 자리로 되돌리라는 시위를 벌이기도 했어. 그러자 일본은 시민들을 무력으로 진압하였고, 이후 대한 제국은 일본에 국권마저 빼앗겨 버렸단다.

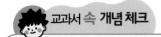

대한 제국 선포	고종은 1897년 환구단에서 황제 즉위식을 거행하고 대한 제국의 수립을 선포하였음.
광무개혁의 내용	나라의 근대화를 위한 군사 제도 개편, 토지 조사 실시, 근대적 회사와 공장 설립, 인재 양성을 위한 학교 설립 등
광무개혁의 의의	상공업과 교육 분야의 발전을 가져왔으나 국민에 대한 권리 보장의 내용이 없고, 외세의 간섭을 물리치지 못함.

● **고종에 대한 이야기를 함께 정리해 봐요.** 정답 189쪽

 인물 탐구 O, X Quiz

❶ 고종은 대한 제국 수립을 선포하고 여러 가지 개혁을 실시했어요.
(O, X)

❷ 고종은 에밀리 브라운을 새로운 황후로 맞이했어요.
(O, X)

❸ 고종은 헤이그에 특사를 파견해 을사늑약의 부당함을 알리려 했어요.
(O, X)

✎ 인물 한 문장 쓰기

" 정해진 답 대신 여러분의 생각을 자유롭게 써 보세요."

● 고종과 명성 황후가 러시아 세력을 끌어들인 이유는 무엇일까요?

1. 나라를 세운 사람들

1. 다음 두 인물들의 공통점은 무엇인지 다음 ·보기·에서 찾아 기호를 쓰세요.

·보기·
- ㉠ 활을 잘 쏘기로 유명했어.
- ㉡ 한강 유역을 차지하여 나라의 전성기를 이끌었어.
- ㉢ 알에서 태어났다고 전해지고 있어.

(   )

2. 다음은 문무왕이 쓴 자서전의 일부입니다. ㉠ ~ ㉣에 들어갈 알맞은 말을 각각 쓰세요.

아버지의 뜻에 따라 삼국을 통일하기 위해 노력해왔다. 당과 함께 백제를 멸망시키고 드디어 668년, (㉠   )를 정복했다.

삼국 통일이 눈앞에 있는데 문제가 생겼다. 백제와 고구려를 함께 물리치고 대동강 이남의 땅을 신라의 영토로 인정해 주겠다고 한 당이 약속을 저버리고 한반도 전체를 지배하려고 한 것이다.

나는 분노하여 당을 공격했고 이로서 (㉡   ) 전쟁이 시작되었다. 힘들고 긴 싸움이 계속되고 있다. 하지만 7년 동안 계속된 이 전쟁도 끝이 보인다. 곧 당을 몰아내고 삼국 통일을 이룰 수 있을 것이다.

삼국 통일을 이루면 신라의 (㉢   )을 개편하고 백성들의 생활을 안정시키기 위해 노력할 것이다. 그리고 훗날 죽어서도 동해를 지키는 (㉣   )이 되어 신라를 지킬 것이다.

[3~4] 우리 역사 속 한 나라를 세운 인물과 관련된 그림입니다. 물음에 답하세요.

(1)

궁예를 몰아냈다.
나라의 도읍은 개경으로 한다!

궁예

(2)

네가 나의 몇 번째
아들이냐?

3. 위 그림 (1)에 나타난 왕의 이름과 세운 나라의 이름을 바르게 말한 어린이는 누구인지 이름을 쓰세요.

주몽이 세운
고구려야.

은우

왕건이 세운
고려야.

소영

이성계가 세운
조선이야.

연호

대조영이 세운
발해야.

현준

(   )

4. 3번 문제에 답한 왕이 위 그림 (2)와 같은 정책을 펼친 까닭은 무엇인지 쓰세요.

2. 전쟁의 영웅들

이 비석에 1700여 자나
되는 내 업적이 써 있단다.

그러면 뭐해, 결국 삼국
통일은 이 몸이 했는 걸?

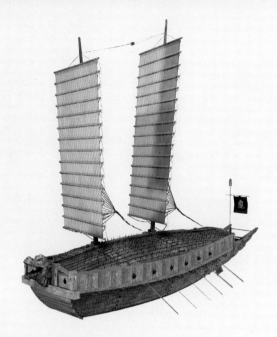

"많은 침략을 견디며 나라를 구한
전쟁의 영웅들은 어떤 활약을 했을까요?"

우리나라는 오래 전부터 한반도의 북쪽과 바다 건너 일본 등 여러 나라들로부터 침략을 받았
어요. 이때마다 전쟁의 영웅들이 나타나 뛰어난 전략을 세워 용맹하게 싸워 나라를 지키고
외세를 물리쳤답니다.

선배님들 제 업적도 만만치 않습니다.
여기 제가 쓴 일기 좀 읽어 보시지요.

동북아시아가 두려워한 전쟁 영웅
광개토 대왕

- **살았던 때** 삼국 시대, 374 ~413년
- **했던 일** 요동과 만주, 한강 지역까지 고구려 영토를 넓힘.
- **키워드** #영락왕 #광개토 대왕릉비 #정복 군주 #장수왕

| 위기 속에서 왕이 된 광개토 대왕은 어떤 사람일까?

영락왕으로도 불리는 고구려의 19대 광개토 대왕은 고국양왕을 이어 어린 나이에 왕위에 올랐단다. 당시 고구려 주변에는 북쪽으로 **후연**과 거란 세력이 고구려를 압박하고 남쪽에는 삼국 중 백제가 가장 강한 힘을 가지고 있었지.

어린 시절 '담덕'이란 이름을 갖고 있던 광개토 대왕은 어려서부터 외모가 장대하고 무술 실력이 뛰어났다고 해.

자..잠깐!
우와~

어린 담덕은 처음으로 나간 사냥 대회에서 집채만 한 멧돼지를 화살 한 발로 명중시켜 잡았어. 이를 본 사람들은 어린 담덕의 무예 실력에 깜짝 놀랐다고 해.

391년 아버지가 죽자 18세의 어린 나이로 왕위에 오른 광개토 대왕은 직접 군사를 일으켜 먼저 백제를 공격했어.

할아버지의 원수를 갚겠어!

담덕의 버킷 리스트!
1. 백제 공격
2. 백제 괴롭히기
3. 백제 혼내 주기

광개토 대왕은 백제를 수 차례 공격을 하여 할아버지인 **고국원왕**의 원수를 갚고 백제의 성을 10개 빼앗아 한강 유역까지 영토를 넓혔어.

광개토 대왕에겐 한반도는 너무 좁았다고?

한반도를 벗어나 대륙을 향한 광개토 대왕의 활약은 계속되었어. 북쪽으로는 거란과 후연 세력, 숙신과 동부여 등 여러 나라들을 공격하여 영토를 넓히고, 그들이 쳐들어올 때에는 슬기롭게 막아 내며 나라를 지켰어. 광개토 대왕이 활약할 당시 고구려의 영토를 보면 한반도 지역에서 늘린 영토의 크기보다 요동과 만주 지역으로 늘린 영토의 크기가 더 넓었어.

수도인 국내성을 중심으로 북쪽으로는 거란과 후연, 북동쪽으로는 숙신과 동부여 등을 공격하여 영토를 넓혔어.

한반도 남쪽으로는 한강 지역과 경상도 북쪽까지 영토를 넓혔을 뿐만 아니라 가야에도 영향력을 행사했다고 해.

고구려는 철갑을 두른 기마병을 활용해 전투를 유리하게 이끌었어. 튼튼한 철갑옷을 입고 말을 탄 기마병들이 달려오는 모습은 다른 나라 군사들을 두려움에 떨게 했어.

400년에 왜의 공격으로 어려움을 겪고 있는 신라가 도움을 요청하자 광개토 대왕은 군대를 파견해 신라를 침략한 왜를 물리치고, 가야 지역까지 진출하기도 했어. 신라 왕들이 잠들어 있는 경주의 고분에서는 광개토 대왕의 왕명이 새겨진 청동 그릇이 발견되어 당시 신라와 고구려의 관계를 알 수 있어.

▲ 광개토 대왕의 이름이 새겨진 신라의 호우명 그릇

| 광개토 대왕릉비는 얼마나 클까?

짧은 기간 동안 수많은 전쟁을 치렀던 광개토 대왕은 나라의 영토를 늘리는 것뿐만 아니라 나라 안으로 백성들을 보살피고 나라가 안정될 수 있도록 많은 노력을 했다고 해.

또한 '영락'이라는 독자적인 고구려만의 연호를 사용하고, 정복한 지역에는 승려를 보내어 불교를 전하는 한편 관직을 정비하기도 했어.

뛰어난 업적을 남긴 광개토 대왕은 너무 많은 전쟁을 치러서였을까, 413년 39세라는 매우 짧은 나이에 세상을 떠나고 말았어.

광개토 대왕의 뒤를 이어 왕의 자리에 오른 장수왕은 아버지의 뛰어난 업적을 기리고 싶었어.

아버지의 업적을 하나라도 빠뜨리지 마라!

와! 6m가 넘네!

그래서 무려 6미터가 넘는 높이의 비를 세워 광개토 대왕의 다양한 업적을 1775글자로 기록하였지.
비석에는 광개토 대왕의 즉위, 백제 공격, 신라에서 왜를 몰아낸 사건 등 다양한 업적들이 담겨 있다고 해.

광개토 대왕의 뒤를 이어 왕위에 오른 장수왕은 나라 안을 안정시키고 주변 나라들과 외교를 통해 원만한 관계를 유지하며 고구려의 전성기를 이끌었어.

또한 넓어진 영토에 따라 고구려의 중심이 되는 평양으로 도읍을 옮기고, **남진 정책**을 펼쳐서 백제의 한강 유역을 완전히 빼앗기도 했지. 고구려는 광개토 대왕과 장수왕의 2대에 걸친 노력으로 동북아시아에서 강력한 국가가 될 수 있었단다.

한국사 용어 퀴즈

1 ☐북진 정책 ☐남진 정책
고구려에서 농사짓기 좋은 한반도 남쪽 지역을 차지하기 위해 추진한 정책을 말해. 광개토 대왕과 장수왕의 노력으로 고구려는 한강 유역을 차지할 수 있었어.

정답 1 남진 정책

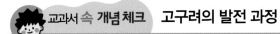 교과서 속 개념 체크 고구려의 발전 과정

태조왕은 행정 조직을 세우고 왕권 강화와 중앙 집권 체제를 마련하기 위해 힘씀.	→ 소수림왕은 불교를 받아들이고 율령을 반포하여 나라의 제도를 정비하였음.	→ 광개토 대왕은 요동 지방까지 진출하였고, 백제를 쳐서 굴복시켰음.	→ 장수왕은 도읍을 평양성으로 옮기고 한강 유역을 차지하여 한반도를 장악함.

● 광개토 대왕에 대한 이야기를 함께 정리해 봐요. 정답 189쪽

💡 인물 탐구 O, X Quiz

❶ 광개토 대왕은 어릴 적부터 무예 실력이 뛰어났어요. (O, X)

❷ 광개토 대왕은 신라를 침략한 왜를 물리쳐 도움을 주었어요. (O, X)

❸ 광개토 대왕은 죽기 전에 자신의 업적을 기록한 광개토 대왕릉비를 세웠어요. (O, X)

✒ 인물 한 문장 쓰기

"정해진 답 대신 여러분의 생각을 자유롭게 써 보세요."

● 광개토 대왕이 '영락'이라는 연호를 사용했던 까닭은 무엇일까요?

_____

_____

_____

백제의 전성기를 이끈 왕

근초고왕

비주얼 씽킹

참쌤 동영상

- **살았던 때** 삼국 시대, ? ~375년
- **했던 일** 백제의 전성기를 이끌었던 왕
- **키워드** #백제 전성기 #왕위 부자 세습 #고국원왕 #칠지도

작은 것부터 차근차근, 백제를 키운 근초고왕

백제의 13대 근초고왕은 비류왕의 둘째 아들로 태어나 30년 간 백제를 다스렸어. 당시 중국은 여러 나라로 나뉘어 있었고, 한반도에는 고구려, 백제, 신라뿐만 아니라 삼한의 여러 세력과 가야 등 여러 나라들이 막 성장하고 있었단다. 비류왕을 이어 4세기 초 왕위에 오른 근초고왕은 먼저 강력한 군대를 이끌고 남쪽에 남아 있던 마한 세력을 정복하고자 했어.

이때 백제에서는 기이한 일이 벌어졌다고 해.

"나라에 날마다 기이한 일이 벌어지니 이것은 왕의 힘이 강해 넘치고, 여러 나라가 하나의 나라가 되리란 징조입니다!"

글쎄, 머리가 둘인 소가 태어났어!

왕궁 우물의 물이 넘쳐흘러요!

한국사 용어 퀴즈

1 ☐ 곡성 지대 ☐ 곡창 지대
식량을 많이 생산하는 지역을 가리키는 말이야. 역사 속에서 여러 나라들은 전쟁으로 영토를 넓히는 것뿐만 아니라 농업을 발달시켜 식량을 생산하는 일이 매우 중요했단다.

📖 **1** 곡창 지대

좋은 징조라 여긴 근초고왕은 군사를 이끌고 주변 작은 나라들을 공격했어.

마한 지역을 정복한 백제는 농사짓기 알맞은 넓은 **곡창 지대**를 차지하면서 식량을 충분히 생산할 수 있었어. 이를 바탕으로 백제는 더 넓은 지역으로 세력을 넓힐 수 있는 큰 힘을 얻었단다.

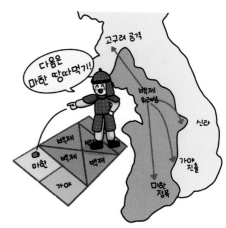

다음은 마한 땅따먹기!

고구려 공격

백제 위례성

신라

가야 진출

마한 정복

마한 백제 백제 백제 가야

평양까지 진격하여 고구려의 왕을 물리쳤다고?

369년, 한강 유역을 사이에 두고 서로 마주보고 있던 백제와 고구려는 각자 세력을 키우고 있었고, 이제 두 나라 사이에 싸움을 피할 수 없는 때가 왔단다. 먼저 고구려의 고국원왕은 2만 명의 군사를 이끌고 백제를 공격했어. 점점 커져가는 백제를 견제하기 위해서였지.

고구려의 고국원왕은 먼저 백제의 **치양성**을 공격하였어.

고국원왕의 바람과 달리 백제의 근초고왕은 고구려군에 맞서 잘 싸웠단다.

이번에는 백제 근초고왕이 태자인 근구수와 함께 군사를 이끌고 고구려의 평양성을 기습했지.

평양성에서 백제군에 맞서 싸우던 고구려의 고국원왕은 백제군의 화살을 맞아 부상을 당하였어.

평양성 전투에서 승리를 한 쪽은 바로 근초고왕이 이끄는 백제였어. 백제군의 화살에 맞아 부상을 당한 고국원왕은 이후 다시 일어나지 못하고 숨을 거두고 말았지. 왕을 잃은 고구려는 같은 뿌리인 부여에서 온 이들이 세운 나라인 백제에 대해 강한 적대심을 가지게 되었어. 이후 두 나라는 견원지간이 되었단다.

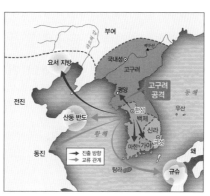

▲ 백제의 전성기 영토(4세기)

한반도를 벗어나 바다 밖으로 진출한 백제

근초고왕은 고구려와의 세력 다툼에서 승리하면서 황해도 지역까지 영토를 넓혔어. 이를 계기로 황해와 남해 바닷길을 이용해 멀리 중국과 왜 등 여러 나라와 쉽게 교류를 할 수 있었지.

백제는 372년에 중국 동진에 사신을 보냈고, 고구려와 이웃한 요서 지방에 진출하기도 했어. 또한 바다 건너 **왜**와도 교류했어. 당시 일본은 왜라는 이름으로 불리었는데, 백제는 왜에 앞선 문물을 전하는 한편 군사적 협력을 얻어 고구려와 신라를 견제하려는 노력을 했단다.

이후로도 백제와 왜는 그 사이가 매우 특별했어.

칠지도(일본 나라) ▶

칠지도를 내리노라!

감사하므니다! 대대로 보물로 모시겠습니다.

근초고왕은 일본에 일곱 개의 가지가 달린 **칠지도**를 전해 주었어. 칠지도는 당시 백제의 금속 기술이 얼마나 뛰어났는지를 보여준단다.

백제에서 일본에 보낸 학자 아직기는 일본 태자의 스승이 되었고, 또 다른 백제의 학자인 왕인은 논어와 천자문 등을 일본에 전하였다고 해.

수업 첫 시간부터 자는 거야?!

쿨~

백제 일타 강사 아직기

백제를 크게 성장시킨 근초고왕은 백제의 국력과 왕권을 높이기 위해 박사 고흥에게 백제의 역사서인 『서기』를 쓰도록 지시했어. 또한 그동안 형제에게 물려주던 왕위를 아들에게 물려주어 왕권을 더욱 강화시켰단다.

근초고왕이 누렸던 백제의 전성기는 이후 고구려의 광개토 대왕이 나타나면서 그 힘을 조금씩 잃게 돼. 기록에 따르면 근초고왕은 375년 조용히 숨을 거두어 역사 속에서 사라졌어.

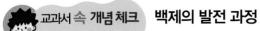

근초고왕은 왕위를 아들에게 물려주어 왕권을 강화함. →
마한을 정복하고 가야를 공격하여 백제의 영토를 확장함. →
평양성을 공격하여 고구려의 고국원왕을 쓰러뜨리고 힘을 과시함. →
중국(진), 일본(왜)와도 교류하며 삼국 중 가장 먼저 전성기를 맞이함.

● 근초고왕에 대한 이야기를 함께 정리해 봐요. 정답 190쪽

💡 인물 탐구　가로세로낱말 Quiz

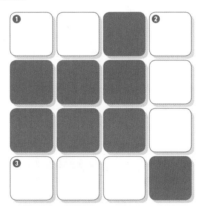

❶ 근초고왕은 즉위 초기 [ㅁ][ㅎ]을 정복하여 세력을 넓혔어요.

❷ 근초고왕은 고구려의 [ㅍ][ㅇ][ㅅ]을 함락시키고 고국원왕을 무찔렀어요.

❸ 근초고왕은 왜에 [ㅊ][ㅈ][ㄷ]를 하사하고, 다양한 문물을 전해 주었어요.

🖊 인물 한 문장 쓰기

" 정해진 답 대신 여러분의 생각을 자유롭게 써 보세요."

● 근초고왕이 왕권을 강화시키기 위해 한 일은 무엇일까요?

살수 대첩을 승리로 이끈 영웅

을지문덕

비주얼 씽킹
참쌤 동영상

- **살았던 때** 삼국 시대, 고구려 영양왕 시절
- **했던 일** 수의 대군을 물리친 고구려의 영웅
- **키워드** #고구려 #살수 대첩 #수 양제 #우중문

김부식이 입에 침이 마르도록 칭찬한 전쟁 영웅 을지문덕

을지문덕의 정확한 출생 기록은 남아 있지 않지만, 『삼국사기』를 지은 김부식은 당시 큰 나라인 수에 맞서 고구려를 구한 진정한 전쟁 영웅이라며 을지문덕을 뛰어난 인물로 평가하고 있단다.

평안도 지역에서는 을지문덕이 평안도에서 태어나 자랐다며 그와 관련해 전해 오는 이야기가 있어.

과녁이 잘 보이지 않는구나!

젊은 시절 을지문덕은 평안도 지역의 한 산에 올라 활쏘기 연습을 즐겨 했다고 해.

하루는 과녁이 나뭇가지에 가려 잘 보이지 않자 을지문덕은 나무를 모두 베어 과녁을 가리지 않도록 했어.

미안하다, 나무야...

에잇!

싹둑

이후 을지문덕이 나무를 벤 자리에는 더 이상 나무가 자라지 않아 바위 절벽이 세워져 있다고 해.

어째서 나무가 자라지 않는 걸까?

을지문덕 장군님의 손길 덕분이란다~.

한편 7세기 고구려의 북쪽에는 수가 오랫동안 여러 나라로 나뉘어 전쟁을 했던 중국을 통일했어. 서로 국경을 마주한 수와 고구려는 갈수록 부딪히는 일이 많아졌어.

한국사 용어 퀴즈

1 □주 □수

중국의 한이 멸망한 뒤 370여 년 동안 분열되어 있던 중국을 다시 통일한 나라야. 무리한 운하 건설과 잦은 전쟁으로 인해 나라의 힘이 약해져 38년 만에 멸망했단다.

📖 1 수

먼저 수는 30만 명의 군사를 바닷길과 육지로 보내 고구려를 침략했어. 그러나 나쁜 날씨 탓에 전염병이 퍼지고 식량을 제때 보급 받지 못했어. 결국 고구려 땅이 보이는 **랴오허 강**을 건너지 못한 수의 군대는 제대로 싸워보지도 못한 채 돌아갔단다.

| 을지문덕이 지은 시 한 편이 수 군대의 사기를 꺾었다고?

이후 수는 계속해서 고구려에게 신하의 자세로 **조공**을 받칠 것을 요구하였지만 고구려는 번번이 거부를 했어. 그러자 612년에 수는 113만 명이나 되는 대군을 이끌고 다시 고구려에 쳐들어왔지.

고구려군은 수의 군대가 오기 전에 성 밖의 곡식을 전부 태워 주변에서 식량을 구할 수 없게 만들었고, 성 안에서 끈질기게 버티며 수의 군대를 괴롭혔어. 전투가 길어지자 마음이 급해진 수의 황제는 우중문 장군에게 30만 명의 군사로 **별동대**를 조직해 을지문덕을 사로잡고 평양성을 공격하라고 지시했어.

이때 을지문덕은 홀로 적진에 들어가 항복하러 왔다며 수의 군대를 당황시키더니, 전투와 후퇴를 거듭하며 수의 군대를 더욱 지치게 만들었어.

후퇴하는 고구려군을 본 수의 우중문은 더욱 의기양양해졌지. 이때를 기다렸다는 듯이 을지문덕은 적장인 우장문에게 시를 한 수 적어 보냈어.

그대의 신기한 작전은 하늘의 이치를 알았고 오묘한 계획은 땅의 이치를 깨달았구려. 전쟁에 이겨서 그 공이 이미 크니 만족할 줄 알고 전쟁을 멈추는 것이 어떠하오.

이걸 어쩐다...

우중문

칭찬이야 욕이야?!

시의 내용이 어떤 것 같니?
우중문 장군을 칭찬하는 것 같지만 사실은 어쩔 줄 모르고 을지문덕에게 끌려 다닌 우중문 장군을 놀리는 글은 아니었을까?

한국사 용어 퀴즈

1 □랴오허 강   □압록강
중국 만주 지역의 남부 평야를 지나 요동 반도 서쪽의 바다와 만나는 강으로 한때 고구려의 영토에 속해 있기도 했던 곳이야.

2 □조공   □제공
힘이 약한 나라가 자신들이 따르던 힘이 강한 나라에 돈이나 값어치가 나가는 물건을 바치던 일을 말해. 금이나 비단, 특산물, 동물은 물론 사람을 노비로 바치기도 했어.

3 □별동별   □별동대
특별한 작전을 위하여 따로 떨어져 나와 독자적으로 행동하는 부대.

답 1 랴오허 강 2 조공 3 별동대

| 어떻게 을지문덕은 살수에서 수의 대군을 무찔렀을까?

을지문덕의 조롱하는 시를 받은 우중문의 군대는 사기도 떨어진데다 이미 오랜 길을 달려오느라 지치고 식량도 부족했단다.

이때 을지문덕은 수 군대의 움직임을 엿보며 때를 기다렸어. 우중문이 군사를 움직이기 시작하자 재빨리 고구려군은 수의 군대를 뒤쫓았지. 이미 고구려의 적진 깊숙이 들어온 것을 깨달은 수의 군사들은 황급히 후퇴하다 살수라는 강가에 도착했단다. 우중문은 어쩔 수 없이 군사들에게 지시했어.

"자, 모두 강을 건너서 후퇴한다. 강을 건너라!"

우중문의 지시에 따라 좁은 지역에서 한꺼번에 많은 수의 군사들이 강을 건너기 시작하자, 강가는 순식간에 아수라장이 되었어.

이를 지켜보던 을지문덕은 강을 건너느라 혼란에 빠진 적진을 기습하여 이들을 순식간에 물속에 가두었어.

수의 병사들은 갑자기 불어난 강물에 휩쓸려 목숨을 잃었고, 간신히 강 밖으로 올라온 병사들은 고구려군의 칼이 기다리고 있었지. 우중문은 30만 명의 군사를 거의 다 잃었고 살아서 돌아간 수의 군사는 겨우 3천 명이 되지 않았다고 해.

이 전투가 바로 살수 대첩이란다. 수의 별동대는 크게 패하고 결국 수는 고구려에서 물러났지.

이후로도 수의 양제는 고구려에게 당한 수모를 갚고자 여러 번이나 고구려를 침략했지만 번번이 전쟁에서 패배하고 말았단다.

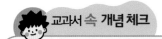 교과서 속 개념 체크   **고구려와 수·당의 전쟁**

수	• 중국을 통일한 후 세력을 넓히던 수는 고구려를 침략함. • 살수 대첩(612년): 을지문덕 장군이 이끄는 고구려군은 수의 군대를 평양성 근처의 살수(청천강)에서 공격하여 크게 승리하였음.
당	• 수를 이어 중국을 통일한 당은 50만 명의 군대를 보내 고구려를 침략함. • 안시성 싸움(645년): 당 군대가 안시성을 공격하였으나 안시성의 성주와 백성이 힘을 모아 당의 군대를 물리침.

● **을지문덕에 대한 이야기를 함께 정리해 봐요.** 정답 190쪽

💡 **인물 탐구** O, ✗ Quiz

❶ 을지문덕 장군은 당의 군대에 맞서 싸웠어요.
(O, ✗)

❷ 을지문덕 장군은 수의 우중문 장군에게 시를 지어 보냈어요.
(O, ✗)

❸ 살수에서 고구려군은 후퇴하는 수의 군대를 크게 물리쳤어요.
(O, ✗)

✒️ **인물 한 문장 쓰기**

" 정해진 답 대신 여러분의 생각을 자유롭게 써 보세요."

• 을지문덕 장군은 우중문의 별동대에 맞서 싸우기 위해서 어떤 일을 했을까요?

_____

_____

삼국 통일을 이끈 화랑
김유신

- **살았던 때** 삼국 시대, 595년 ~ 673년
- **했던 일** 백제를 정복하고 삼국 통일에 큰 기여를 한 장군
- **키워드** #삼국 통일   #가야 출신   #화랑   #황산벌 전투

김유신은 북두칠성을 품고 태어난 가야의 후손이었다고?

신라에서 태어난 김유신의 조상은 가야의 왕이었어. 나라의 힘이 약해지자 신라에게 나라를 바치고 김유신의 가문은 신라의 귀족이 되었단다. 또한 김유신의 어머니는 신라 지증왕의 후손인 왕족이었어. 김유신의 탄생에는 다음과 같이 신비한 일이 있었다고 전해져.

김유신의 어머니 만명 부인은 황금 갑옷을 입은 아이가 나타나 품에 안긴 꿈을 꾼 뒤 김유신을 가졌다고 해.

장차 큰 인물이 될 것이야.

스무 달이 지나서야 태어난 김유신은 등에 밤하늘 북두칠성과 닮은 점을 갖고 태어났어. 이에 사람들은 장차 신라의 별이 될 것이라는 기대를 했지.

한국사 용어 퀴즈

1 ☐ 화랑   ☐ 화장

진흥왕 때 인재를 기를 목적으로 발전시킨 조직이야. 귀족 자제 중 용모와 품행이 뛰어난 자를 중심으로 심신을 수련하고 무예와 학문을 익히도록 하였어.

🔑 1 화랑

어느덧 건강히 자라 15세가 된 김유신은 **화랑**이 되어 '용화향도'라는 화랑 무리를 이끌었어. 하루는 산 중에서 무술을 단련하던 김유신 앞에 산신이 나타나 검술을 가르쳐 주었다는 전설이 있단다.

더 세게!

말의 목을 자른 김유신이 신라의 전쟁 영웅이 되었다고?

김유신은 한때 친구들과 어울리며 술을 마시고 즐기기에 빠졌어. 특히 '천관' 이라는 이름을 가진 기생의 술집에서 살다시피했단다. 그러자 김유신의 어머니는 이런 아들을 크게 걱정하였지.

김유신은 다시는 술과 여자에 흔들리지 않겠다는 다짐으로 자신이 아끼던 말의 목을 베었어.

이후 장군이 된 김유신은 삼국을 통일하리라는 목표를 품고 백제와의 전투에서 한 번도 패하지 않는 무적의 장수가 되어 신라를 이끌었어. 무열왕 **김춘추**는 이런 김유신을 오랫동안 믿고 의지했단다.

신라의 **상대등**인 비담이 주도한 귀족들의 반란을 진압한 김유신은 654년에 김춘추가 무열왕으로 즉위하면서 함께 신라의 권력을 차지하게 되었어.

한국사 용어 퀴즈

1 ☐ 김춘추   ☐ 김무열
김유신과는 젊을 때부터 절친한 사이로 김유신의 여동생과 결혼을 했어. 후에 신라의 제29대 왕인 무열왕으로 즉위해. 신라 최초의 진골 출신 임금이지.

2 ☐ 가로등   ☐ 상대등
신라의 최고 관직이야. 왕을 도와서 나랏일을 살피고, 귀족 회의인 화백 회의를 이끌었어.

📝 1 김춘추 2 상대등

신라, 삼국 통일을 완성하다

신라의 김춘추는 바다 건너 당에게 함께 백제를 공격하자고 제안을 했어. 당은 고구려를 견제하기 위해 신라의 힘이 필요했던 터라 신라의 제안을 받아들였단다. 이렇게 결성된 **나당 연합군**은 백제와 고구려를 공격하였어.

신라는 당에게 함께 백제와 고구려를 공격할 것을 제안했어.

김유신이 이끄는 신라는 당의 연합군과 함께 사비성을 함락시키고 660년에 백제의 항복을 받아 냈어.

이후 나당 연합군은 마침내 668년 고구려까지 정복했어.

약속과 달리 한반도 전체를 지배하려는 당에 맞서 결국 신라는 당과 전쟁을 벌이게 되었지.

한국사 용어 퀴즈

1 ☐ 나당 연합군
☐ 나제 연합군
고구려와 백제의 압박에 위협을 느낀 신라가 김춘추를 당에 보내 당과 동맹을 맺은 뒤 결성된 군대야. 나당 연합군은 함께 백제와 고구려를 공격했어.

2 ☐ 추천 ☐ 추존
왕위에 오르지 못하거나 큰 공을 세운 업적이 있는 사람에게 죽은 뒤 왕의 칭호를 올리는 것을 말해.

📖 1 나당 연합군 2 추존

백제 정복 이후 전쟁에 참가하기에는 이미 너무 나이가 많은 김유신은 문무왕 곁에서 나랏일을 도우며, 668년 신라의 고구려 정복을 함께 지켜보았어.

나당 전쟁이 일어나던 673년에 79세의 나이로 김유신이 세상을 떠나자 신라의 문무왕은 성대하게 장례를 지내고 비석을 세워 김유신의 공적을 기리도록 했어. 그리고 신라의 42대 흥덕왕은 가야 출신인 김유신을 흥무 대왕으로 추존하고, 김유신의 후손을 왕족으로 대우해 주었단다.

▼ 김유신 묘(경상북도 경주)

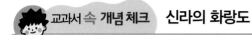
화랑도	• 화랑과 낭도로 구성되어 평소 자연 속에서 마음과 몸을 수련하던 청소년 단체 • 진흥왕은 예전부터 조직되어 전해 오는 화랑도를 국가적인 집단으로 설치하고 삼국 통일을 위해 인재를 키우는 기구로 활용함.
세속오계	• 화랑들은 평소 '세속 오계'의 규율을 따라 생활함. • '나라에 충성함', '부모에게 효도함', '믿음으로 친구를 사귐', '전쟁에 나가서 물러서지 않음', '살아 있는 것을 함부로 해치지 않음' 등 다섯 가지 규범을 두었음.

● 김유신에 대한 이야기를 함께 정리해 봐요. 정답 190쪽

 인물 탐구 사다리 Quiz

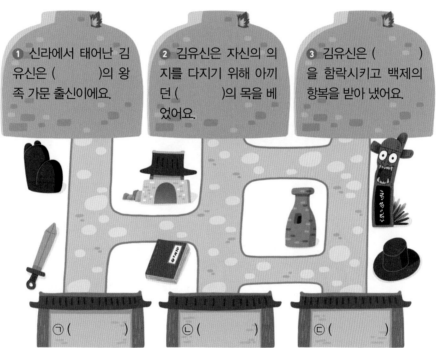

❶ 신라에서 태어난 김유신은 (   )의 왕족 가문 출신이에요.

❷ 김유신은 자신의 의지를 다지기 위해 아끼던 (   )의 목을 베었어요.

❸ 김유신은 (   )을 함락시키고 백제의 항복을 받아 냈어요.

㉠ (   )   ㉡ (   )   ㉢ (   )

🖊 인물 한 문장 쓰기

" 정해진 답 대신 여러분의 생각을 자유롭게 써 보세요."

● 무열왕 김춘추가 김유신을 오랫동안 믿고 의지했던 이유는 무엇이었을까?

거란의 천적, 고려의 영웅
강감찬

비주얼 씽킹 / 참쌤 동영상

● **살았던 때** 고려 시대, 948년~1031년
● **했던 일** 거란의 침입을 막아 낸 고려의 재상이자 장군
● **키워드** #낙성대 #흥화진 전투 #귀주 대첩 #거란의 천적

▎북두칠성의 별 중 하나가 강감찬으로 다시 태어났다고?

거란으로부터 고려를 구한 **재상**이었던 강감찬은 신비한 탄생 이야기를 가지고 있어. 강감찬은 오늘날 서울 관악구에 위치하고 있는 낙성대(落星垈)에서 태어났다고 전해져. 낙성대는 '별이 떨어진 집'이라는 뜻이야. 낙성대에 담긴 이야기가 무엇일까?

별똥별의 모습이 예사롭지 않구나!

길을 가던 한 남자가 밤하늘에서 큰 별이 떨어지는 것을 보았어. 별의 모습이 남달랐던 탓에 남자는 별이 떨어진 곳을 찾아가 보았지.

이곳에 혹시 아이가 태어났소?

네. 사내아이가 태어났습니다.

문곡성이 떨어질 때 태어났으니 필시 고려의 큰 인물이 되겠소.

난 지식과 출세의 별이야

문곡성 : 북두칠성의 네 번째 별

별을 쫓아간 남자는 집 주인에게 별똥별이 떨어진 곳에서 아이가 태어났으니 하늘의 기운을 받아 큰 인물이 될 것이라 이야기했어.

한국사 용어 퀴즈

1 ☐ 대상   ☐ 재상
왕을 보좌해서 나라를 다스리는 정승을 뜻하는 말이야. 강감찬은 직접 장수로 나서 고려와 거란 사이의 전쟁을 승리로 이끌기도 했어.

2 ☐ 문곡성   ☐ 곡성
북두칠성 중 네 번째 별로 지식과 출세(재물)를 상징한다고 전해져.

답 1 재상 2 문곡성

강감찬의 탄생에 대한 이야기는 멀리 중국까지 퍼져 나갔다고 해. 고려에 온 중국 송의 사신이 재상이 된 강감찬을 보고, "문곡성이 하늘에서 내려왔다고 하였는데 그 말이 틀림없군요."라며 인사를 올렸다는 이야기도 있어.

볼품없는 외모와 달리 당찬 강감찬은 관리들을 혼내 주었다는데?

젊은 시절부터 학문에 뜻을 보인 강감찬은 983년 과거 시험에 합격하여 어느 고을의 **수령**으로 가게 되었어.

새 고을 수령이오!

강감찬은 과거 시험에 합격하고 벼슬 길에 올라 한 고을의 수령으로 부임하게 되었단다.

잘 지내봅시다!

우리가 한 수 가르쳐 줘야겠군요!

고을에 수령이라고 온 인물이 키도 작은 어린 녀석이라니

향리

키가 작고 볼품없는 외모를 가졌던 강감찬을 보고 고을의 **향리**들은 그를 우습게 보았지.

혹시 자란지 1년이 된 수숫대를 소매 속에 넣어볼 수 있겠는가?

향리들의 행동에 지혜를 낸 강감찬은 1년 남짓 자란 수숫대를 옷소매에 넣어보라며 향리들에게 수숫대를 나눠 주었어.

1년 된 수숫대도 소매 속에 못 넣으면서 스무 살도 넘은 나를 어찌 소매 속에 넣고 흔들려고 했단 말이냐

...

...

강감찬의 꾸짖음에 놀란 향리들은 이후 강감찬을 잘 따랐고, 함께 고을을 잘 다스리고자 노력했어.

강감찬은 10만의 거란군을 어떻게 물리쳤을까?

고려는 거란과 무려 3번에 걸친 커다란 전쟁을 치렀어. 첫 번째 전쟁에서는 고려의 서희가 당당하게 거란의 소손녕과 협상을 벌여 전투 한번 벌이지 않고 거란은 물러갔단다.

한국사 용어 퀴즈

1 ☐ 수령   ☐ 수령

임금의 명령에 따라 지역을 다스리는 관직을 말해. 우리가 잘 알고 있는 사또도 관아에서 고을을 다스리던 수령 중 하나야.

2 ☐ 향기   ☐ 향리

지방 관아에 근무하는 하급 관리들을 말해. 강감찬의 외모를 보고 그를 얕잡아 본 고을의 향리들은 크게 혼쭐이 났단다.

정답 1 수령 2 향리

그러나 이후 거란은 **강동 6주**를 돌려달라며 번번이 고려에 처들어왔단다. 강감찬은 당시 고려의 서북쪽을 지키는 총 사령관으로 임명되어 흥화진에서 거란군과의 전투를 준비했어. 강감찬 장군은 10만 명의 거란군과 싸움에서 어떻게 하면 고려군의 피해를 줄일 수 있을지 고민했어. 이때 강감찬 장군은 거란군을 상대할 흥화진 앞을 흐르는 강을 보았지.

혼란에 빠진 거란군은 불어난 강물에 허우적댔고, 물 밖으로 겨우 나온 거란의 병사들도 기다리고 있던 고려군에 의해 죽거나 크게 다쳤단다.

강감찬의 전술에 크게 당한 거란군은 고려의 도읍인 개경을 공격했지만 부족한 식량과 떨어진 군사들의 사기로 이마저도 실패하였어. 결국 거란군은 후퇴했고 이를 기다렸던 강감찬 장군은 압록강 근처 귀주에서 이들을 크게 물리쳐 다시는 거란이 고려를 함부로 넘볼 수 없도록 만들었어.

한국사 용어 퀴즈

1 ☐ 강동 6주 ☐ 강동 구청
서희가 거란의 소손녕과의 담판으로 확보한 6개의 주를 말해. 거란은 이 땅을 다시 돌려 달라며 고려를 수차례 침략하였지만 실패했지.

2 ☐ 행주 대첩 ☐ 귀주 대첩
1019년 강감찬 장군이 거란군과 귀주에서 벌인 전투로 고려는 거란을 상대로 큰 승리를 거두었어.

정답 1 강동 6주 2 귀주 대첩

귀주 대첩에서 큰 공을 세운 강감찬에게 고려의 왕은 금으로 된 관을 직접 내렸다고 해.

> 거란이 1차 침입을 하지만 서희의 활약으로 고려는 강동 6주를 확보함.

→

> 거란의 2차 침입이 이어지고 개경이 함락되었지만 양규와 백성들의 활약으로 극복함.

→

> 강동 6주를 되돌려 달라며 고려를 침략한 거란군을 강감찬이 크게 물리침.

→

> 고려는 이후 국경선에 천리장성을 쌓았고, 거란은 세력이 크게 약화됨.

● 강감찬에 대한 이야기를 함께 정리해 봐요. 정답 190쪽

💡 인물 탐구 가로세로낱말 Quiz

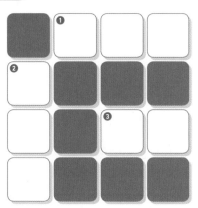

❶ 강감찬의 탄생과 관련된 이야기로 ㄴㅅㄷ 라고 불리는 장소가 있어요.

❷ 강감찬은 고을 수령으로 부임하여 자신을 얕보는 관리들에게 ㅅㅅㄷ 를 소매에 넣어 보라며 이들을 혼내 주었어요.

❸ 강감찬은 ㄱㅈ 에서 도망가는 거란군을 크게 무찔렀어요.

✒️ 인물 한 문장 쓰기

"정해진 답 대신 여러분의 생각을 자유롭게 써 보세요."

> ● 강감찬은 어떤 방법으로 10만 명의 거란군을 물리칠 수 있었을까요?
>
> 　
>
> 　
>
>

여진이 가장 두려워한 검의 달인
척준경

비주얼 씽킹!
참쌤 동영상

- **살았던 때** 고려 시대, ?~1144년
- **했던 일** 여진 정벌과 동북9성 획득에 큰 공을 세움.
- **키워드** #검술의 달인 #윤관 #의리의 사나이
#이자겸의 난

| 척준경은 어떤 활약을 하였기에 고려의 전설이 되었을까?

척준경은 황해도 곡산의 가난한 향리 집안에서 태어났어. 척준경은 어려서부터 무예를 연마하기 좋아했어. 하지만 당시 고려에는 **무관**을 뽑는 시험이 없었기 때문에 뛰어난 실력에도 불구하고 제대로 된 관직을 얻지 못한 척준경은 이후 왕실의 행사를 준비하는 낮은 관리의 일을 맡아 하였단다.

고려와 **여진** 사이에 전쟁이 일어나자 척준경은 드디어 자신의 실력을 발휘할 기회를 맞이하게 되었어.

척준경은 위기에 빠진 고려군을 대신해 홀로 칼과 방패를 들고 여진 장군의 목을 베어 왔고…….

칼과 방패를 들고 적이 점령한 정주성에 침입하여 적장을 죽이고 정주성을 탈환하는 데 공을 세웠어.

고려와 여진의 전쟁에서 척준경은 엄청난 공을 세우며, 그의 용맹함과 화려한 검술 실력이 날로 유명해졌단다.

척준경은 어떻게 윤관과 각별한 사이가 될 수 있었을까?

여진의 세력이 날로 강해지자 고려도 기마병을 키우고 17만 명의 **별무반**을 구성하여 여진의 공격에 대비했어. 당시 최전방에서 여진과 싸우며 큰 공을 세웠던 척준경은 어찌된 영문인지 누명을 쓰고 감옥에 갇혔단다. 척준경의 용맹함과 뛰어난 무예 실력을 알고 있던 윤관은 억울한 척준경을 구해 주었고 이것이 인연이 되어 척준경은 윤관의 여진 정벌을 함께하였어.

여진 정벌 전투에서 윤관이 여러 번 위기에 빠질 때마다 척준경은 적진을 누비며 여진족을 무찌르고 윤관을 구해 냈어.

고려의 국경에 동북 9성을 쌓는 동안 윤관과 척준경은 서로 아버지와 아들로 섬기며 둘도 없는 사이가 되었단다.

수많은 전쟁을 함께하며 맺어진 윤관과 척준경의 끈끈한 의리는 평생 동안 이어졌어.

윤관과 함께 여진을 몰아내고 동북 9성을 확보하는 데 큰 공을 세운 척준경은 고려에서 이름을 날린 장수가 되었단다.

윤관이 여진족을 몰아내고 동북 9성을 쌓은 뒤 비석을 세우는 장면이 묘사된 그림이야.

▲ 「척경입비도」

한국사 용어 퀴즈

1 ☐ 별무반   ☐ 별자리반
여진족을 물리치기 위해서 윤관이 만든 특별한 부대야. 당시 말을 타고 전투를 벌이는 여진족에 맞서 싸우기 위해서 신보군, 신기군, 항마군 등으로 군대를 조직한 별무반을 운영했어.

2 ☐ 동북 9성   ☐ 4군 6진
고려의 윤관이 예종의 명을 받아 국경 동북쪽의 여진족을 몰아내고 쌓은 9개의 성을 말해.

☺ 1 별무반 2 동북 9성

| 전쟁의 영웅이 반역자가 된 사연은 무엇일까?

여진을 몰아낸 전쟁의 영웅 척준경은 드디어 높은 관직에 오를 수 있었어.

한편 여진 지역에서는 추장 아구다가 세력을 키워 금(金)이란 나라를 세우고 고려에게 **사대 관계**를 요구하였어. 이를 두고 고려에서는 금과 사대 관계를 맺어야 한다는 세력과 반대하는 세력으로 의견이 나뉘어 다투었지. 과연 여진과 수많은 전투를 치렀던 척준경은 어떤 선택을 하였을까?

사대 관계를 맺어 금과의 전쟁을 피합시다!

전쟁으로 인한 백성과 국토의 피해를 막기 위해 척준경은 이자겸과 함께 금과의 사대 관계를 찬성하였어.

이자겸은 어린 인종을 대신해 권력을 휘두르며 자신의 사리사욕을 채웠으며, 척준경도 사돈 관계인 이자겸 덕에 높은 자리에 올라 권력을 누렸어.

그리고 척준경은 이자겸이 일으킨 난에 가담하면서 인종을 궁에서 내몰고 왕궁을 불태우며 고려를 구한 영웅에서 반역자로 변하고 말아.

그러나 이자겸과 척준경 사이에 다툼이 일어나 서로 대립하였고, 척준경은 이자겸 세력을 없애고 늦게나마 인종을 보필하였지만 결국 난을 일으킨 죄를 물어 유배를 가게 되었어.

척준경은 권력에 대한 욕심이 큰 인물이라기 보다는, 성품이 단순하여 보이는 데로 믿고 다른 사람들의 속마음을 잘 헤아리지 못했다고 해. 그래서 무예가 뛰어난 인물임에도 그 능력을 바르게 쓰지 못하고 결국 이자겸과 함께 난을 일으켰다가 다시 인종의 회유에 마음을 바꾸어 이자겸 세력을 없애는 데 앞장서게 되었어.

사건	1126년 왕실의 외척이었던 이자겸이 왕위를 빼앗으려고 일으킨 반란
원인	고려 왕실과 경원 이씨 가문의 혼인이 계속되어 경원 이씨 가문이 모든 권력을 차지함.
과정	이자겸의 권력이 점점 높아지자 고려 인종이 이자겸을 제거하려 함. → 이자겸은 이에 반항하며 난을 일으킴.
결과	척준경과 이자겸 사이의 갈등이 일어나 척준경이 이자겸 세력을 없애고, 인종은 권력을 잡고 직접 나라를 다스림.

● 척준경에 대한 이야기를 함께 정리해 봐요. 정답 190쪽

💡 인물 탐구   사다리 Quiz

① 척준경은 (　　　)을 잘 다루고 무예가 매우 뛰어났어요.

② 척준경은 (　　　)을 정벌하는 데 큰 공을 세워 높은 관직에 올랐어요.

③ 척준경은 이자겸이 일으킨 (　　　)에 가담해 왕궁을 불태우고 왕을 끌어내렸어요.

㉠ (　　　　)　　　㉡ (　　　　)　　　㉢ (　　　　)

✒️ 인물 한 문장 쓰기

"정해진 답 대신 여러분의 생각을 자유롭게 써 보세요."

● 척준경은 왜 고려와 금의 사대 관계를 찬성하였을까요?

_____

_____

_____

임진왜란을 승리로 이끈 지혜로운 장군
권율

비주얼 씽킹
참쌤 동영상

- **살았던 때** 조선 시대, 1537년~1599년
- **했던 일** 임진왜란 중 일본군을 물리쳐 나라를 지킴.
- **키워드** #늦은 벼슬길 #독산성 #행주 대첩 #도원수

| 권율은 왜 늦은 나이가 되어서야 과거 시험을 보았을까?

권율은 조선을 세운 **개국 공신**의 후손으로 태어났어. 그의 나이 6살 때 어머니가 비단옷을 지어 권율에게 입으라고 하자 "옷은 몸만 가리면 그만인데 보는 눈을 생각하여 비싼 옷을 왜 입습니까?"라고 말하며 다른 이를 의식하지 않고 당당한 성격을 보여주었다고 해. 그러나 또래의 다른 친구들과 다르게 나이가 차도록 **과거** 시험을 보지 않아 집안의 걱정거리였어.

과거 공부 대신 전국을 돌아다니며 지리를 공부하고 여행을 통해 생각을 넓혔단다.

이런 권율의 모습을 보고 친구들이 걱정하자 권율은 아직 자신은 뜻을 펼치기에는 어린 나이라며 벼슬에 연연하지 않았어.

한국사 용어 퀴즈

1 ☐개국 공신 ☐공부의 신
나라를 세울 때 큰 공이 있었던 신하를 말해. 권율은 조선을 건국하는 데 큰 공을 세운 권근의 후손으로 태어났어.

2 ☐과거 ☐미래
고려와 조선에서 나랏일을 맡아 볼 관리를 시험을 쳐서 직접 뽑았던 제도로 문과, 무과, 잡과 등으로 나누어 관리를 선발했어.

정답 1 개국 공신 2 과거

공무원증
이름 : 권율
나이 : 46세
관직 : 승문원정자

아버지 저 합격했어요

그러다 아버지가 돌아가시자 비로소 뜻을 정한 권율은 금강산으로 들어가 과거 공부를 시작했단다. 그리고 늦게나마 46세의 나이로 과거 시험에 합격하여 관직에 올랐어.

지혜와 용기를 두루 갖춘 간 큰 사나이 권율

권율이 관직에 오른 후 바다 건너 일본에서는 **전국 시대**를 통일한 도요토미 히데요시가 정권을 잡았어. 그는 조선에 명을 침략하러 갈 길을 내어 달라는 요구를 하다 결국 1592년에 임진왜란을 일으켜 조선을 침략했어.

임진왜란이 일어나자 권율도 군사를 지휘하며 일본군과 전투를 치렀어. 일본 군과 전투가 길어지자 당시 권율의 부대가 머물던 독산성 안에서는 조선군들이 마실 물을 구하지 못해 걱정을 하고 있었단다. 그리고 성 주변에서 기회를 엿보던 일본군에게까지 성 안에 물이 부족하다는 소문이 전해졌어.

▲ 권율 장군의 지혜에 대한 이야기가 전해지는 독산성(경기도 오산)

일본군은 물독을 진 말 한 마리를 독산성으로 보내어 소문을 확인하려고 했어. 말을 본 권율 장군은 일본군의 계략을 알아채고 말 등 위로 쌀을 쏟아붓도록 지시했어.

독산성

쌀을 신나게 쏟아 부어라!

쌀

멀리서 본 말의 모습

마시라고 보낸 물로 말을 목욕시켜?!

멀리서 이 모습을 지켜본 일본군은 깜짝 놀랐어. 말 등 위에 쏟아지는 쌀이 마치 물처럼 보였기 때문이야.

일본군은 성 안에 물이 부족하지 않다는 것을 알게 되자 전투를 포기하고 물러났단다. 권율 장군의 뛰어난 **책략** 덕분에 일본군과의 불리한 전투를 피하고 군사와 성을 지킬 수 있었지. 이후 권율 장군은 행주산성 전투에서 불리한 군사력에도 불구하고 성 안의 백성들과 함께 힘을 합쳐 일본군을 크게 물리쳤어.

행주산성

아이고!

나죽네

한국사 용어 퀴즈

1 ☐ 천국 시대 ☐ 전국 시대
일본에서 100년이 넘도록 정권을 차지하기 위해 여러 세력이 끊임없이 전쟁을 벌였던 시기를 말해.

2 ☐ 책략 ☐ 색약
어떤 일을 꾸미고 이루어 나가는 뛰어난 방법을 말해. 군사를 지휘하는 장수는 싸움을 잘하는 것뿐만 아니라 뛰어난 책략을 세워 아군의 피해를 줄이고 승리를 거두려고 노력했어.

🔑 1 전국 시대 2 책략

| 청렴한 권율의 모습에 감탄한 사위 이항복과 선조

임진왜란을 일으켰던 일본이 잠시 군사를 거두자 권율은 조정에서 나랏일을 살피는 일을 맡았단다. 하루는 사위인 이항복과 함께 임금을 뵙고 나랏일을 논의하기 위해 궁에 들어갔어.

이항복은 조선 시대 문신으로 권율의 사위였어.

날이 덥자, 이항복은 모두 관복을 하나씩 벗자고 임금에게 건의하였지.

모두들 관복을 벗자, 권율의 오래되고 낡은 저고리가 드러났어.

임금은 권율에게 어찌 그리 낡은 옷을 걸치고 있느냐고 물었지.

그러자 권율의 사위 이항복은 백성들은 전쟁을 겪어 삶이 어려운데 나랏일을 하는 이들이 어찌 좋은 옷을 지어 입을 수 있겠냐고 임금께 말을 올렸어.

이항복의 이야기 덕에 임금도 권율의 **청렴한** 모습을 크게 칭찬하고 조정의 신하들이 반성하는 계기가 되었어.

이후 권율 장군은 많은 나이에도 일본이 다시 조선을 침략하는 정유재란이 일어나자 도원수의 자리에 올라 조선 관군을 지휘하며 나라를 지켜 냈단다.

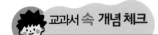 **교과서 속 개념 체크** **임진왜란 당시 조선과 명, 일본의 상황**

조선	이웃 나라와 평화적인 관계를 유지하였고, 군사의 수가 주변 나라에 비하여 상대적으로 많지 않았음.
명	조선과 오랫동안 관계를 맺어 왔던 명은 정치적 혼란으로 황제의 권위가 약해지고 나라가 흔들리고 있었음.
일본	일본을 통일하고 새로운 지배자가 된 도요토미 히데요시는 내부의 불만과 지방 세력의 관심을 밖으로 돌리기 위해 다른 나라와의 전쟁을 준비하였음.

● 권율 장군에 대한 이야기를 함께 정리해 봐요. 정답 190쪽

 인물 탐구 O, X Quiz

❶ 권율 장군은 어린 나이에 과거 시험에 합격하여 벼슬길에 올랐어요.
(O, X)

❷ 1592년 일본은 명을 치러 가는 길을 내어 달라는 핑계로 조선을 침략했어요.
(O, X)

❸ 행주산성 전투에서 관군과 백성들은 힘을 합쳐 일본군을 물리쳤어요.
(O, X)

✒ 인물 한 문장 쓰기

" 정해진 답 대신 여러분의 생각을 자유롭게 써 보세요."

● 권율은 임진왜란 당시 어떤 활약을 했을까요?

조선의 바다를 지킨 임진왜란의 명장

이순신

비주얼 씽킹!

참쌤 동영상

- **살았던 때** 조선 시대, 1545년~1598년
- **했던 일** 임진왜란 때 조선 수군을 지휘해 일본군을 물리친 장군
- **키워드** #학익진 #노량 대첩 #임진왜란 #거북선

| 강직한 성품 탓에 파직을 당하기도 했다고?

임진왜란의 영웅 이순신은 32세라는 늦은 나이에 무과에 합격하여 관직 생활을 시작했어. 바른 성품과 능력을 인정받아 이순신은 5년 만에 **수군만호**라는 관직에 올랐단다. 하지만 그의 강직하고 청렴한 성품 때문에 어려움을 겪는 일도 많았어.

당시 상관이었던 서익이 자신과 친한 사람을 승진시키라고 요구하지만 이순신은 단번에 거절했어. 앙심을 품은 서익의 모함으로 이순신은 **파직**을 당하고 말았단다.

같은 집안 사람이었던 율곡 이이가 이순신을 만나 보길 원했으나 개인의 사사로운 일 때문에 이이를 만날 수 없다고 정중히 거절하였어.

한국사 용어 퀴즈

1 ☐ 수군만호 ☐ 수군백호
각 도의 진에 배치되어 있던 종4품 관직이야. 이순신은 수군만호직에 임명되지만 모함을 받아 파직을 당했어.

2 ☐ 빠직 ☐ 파직
관직에서 물러나는 것을 의미해. 이순신은 강직한 성품과 공과 사를 구분하는 일처리 때문에 사람들로부터 시기와 모함을 받고 여러 차례 파직을 당했단다.

🖐 1 수군만호 2 파직

이순신은 수군을 지휘하는 관직에 올라 군사들을 통솔할 때에도 정해진 기준에 따라 엄격하게 상과 벌을 내렸다고 해.

한편 이순신은 언젠가는 일본의 공격이 있을 것이라고 판단하여 미리 조선 수군의 무기와 군함을 정비하고 군사들을 잘 훈련시켰어.

학이 날개를 펼친 모습의 '학익진 전법'이라고 들어봤니?

1592년에 임진왜란이 일어나고 육지에서는 순식간에 일본군이 한양까지 진격했어. 반면 바다에서는 이순신 장군이 지휘하는 조선 수군이 경상도 옥포 해전을 시작으로 일본군을 잇따라 격파하며 조선의 바다를 지켜냈단다.

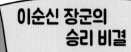

 하나, 조선 수군의 무기는 일본보다 성능이 훨씬 뛰어났다는 말씀~.

일본 조총의 사정 거리는 50미터를 겨우 넘지만 우리 조선 수군의 화포는 무려 1000미터까지도 날아가 적을 공격할 수 있었지. 나는 일본 군함을 넓은 곳으로 유인한 뒤 화포로 집중 사격을 해 녀석들의 혼을 내주었다오!

 둘, 이순신하면 떠오르는 바로 그것, '거북선'

바다에서 적의 군함을 향해 달려드는 단단한 거북선은 우리 조선 수군의 자랑이라오. 적이 진영을 갖추기 전에 거북선이 돌격하여 이들을 혼란시켰지.

셋, 학익진 전법으로 마무리!

일부러 후퇴하는 척 일본의 군함을 우리가 유리한 곳으로 유인한 다음 양쪽에서 학이 날개를 펼치듯 좁은 곳에 몰린 일본의 군함을 에워싸지. 그리고 때를 놓치지 않고 화포를 집중 발포! 이것이 바로 '학익진 전법'이라오.

| 관직에서 쫓겨났던 이순신 장군은 어떻게 조선 수군을 다시 이끌었을까?

조선 수군의 활약으로 보급로가 끊겨 버린 일본군은 오래 버티지 못하고 조선에 먼저 휴전을 제안했어. 하지만 일본은 조선 침략의 욕심을 버리지 않았지.

일본은 조선 수군의 힘을 떨어뜨리고 이순신을 함정에 빠뜨리기 위해 계략을 세웠어.

일본은 일부러 거짓으로 꾸민 전쟁 계획을 조선에 흘려 조선을 혼란스럽게 만들었어.

일본의 거짓 정보를 접한 선조는 이순신에게 일본군을 공격하라는 명령을 내렸단다.

이순신이 일본의 계략을 눈치채고 전투에 나서지 않자 어명을 거역했다는 죄로 이순신은 파직을 당하였어.

일본은 이때를 틈타 정유재란을 일으켜 다시 조선을 침략했어. 이순신이 없는 조선 수군이 칠천량 해전에서 크게 패하자 조선 조정은 이순신을 다시 불러 수군을 지휘하도록 했어. 이에 이순신과 조선 수군은 겨우 열세 척의 군함으로 일본군의 백여 척이 넘는 군함과 맞서 싸우게 되었어.

이순신은 명량 해전에서 일본군의 군함을 울돌목으로 유인하여 다시 한번 일본군을 크게 물리치고 기적적으로 승리를 했단다.

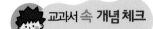

1592년, 명으로 가는 길을 내어달라며 일본군이 부산을 침략함. → 보급이 끊기고 불리해진 일본군은 조선에 휴전을 요청함. → 1597년, 휴전의 약속을 깨고 일본군은 조선을 침략함(정유재란). → 조선 수군의 활약과 조선, 명의 연합군이 일본군을 몰아내고 전쟁을 끝냄.

● 이순신에 대한 이야기를 함께 정리해 봐요. 정답 190쪽

💡 인물 탐구　가로세로낱말 Quiz

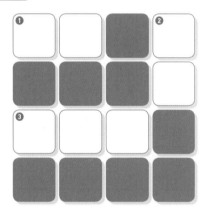

❶ 이순신은 무과에 합격하여 ㅅ ㄱ 을 지휘하는 임무를 맡았어요.

❷ 이순신은 ㅁ ㄹ 해전에서 열세 척의 군함으로 일본군과 맞서 싸웠어요.

❸ 이순신은 ㅎ ㅇ ㅈ 전술을 사용하여 여러 번이나 일본군을 크게 무찔렀어요.

✒ 인물 한 문장 쓰기

" 정해진 답 대신 여러분의 생각을 자유롭게 써 보세요."

● 이순신 장군은 임진왜란에 앞서 어떤 준비를 하였나요?

2. 전쟁의 영웅들

함께 찾아 봐요

1. 다음 중 밑줄 친 인물과 관련된 표어가 바르게 짝지어진 것을 골라 ○표 하세요.

ㄱ
고구려 동북아시아 대제국 건설!
<u>광개토 대왕</u>만 믿고 가자! ☐

ㄴ
신라 제1의 화랑,
<u>근초고왕</u>으로 다시 태어나다! ☐

ㄷ
고려의 여진 정벌, 두렵나요?
함께해요, <u>척준경</u>! ☐

ㄹ
삼국 통일의 선봉장 <u>을지문덕</u>
살수에서 기다린다. ☐

함께 풀어 봐요

2. 다음은 이순신이 임진왜란 중에 남긴 '난중일기'에 차마 실리지 못한 글입니다. ㉠ ~ ㉣에 들어갈 알맞은 내용을 ·보기·에서 찾아 일기를 완성해 보세요.

선조 30년 9월 12일   날씨: 몹시 더움.

　　선조께서 내리신 어명을 거역한 죄로 백의종군하였더니 역시나 일본은 틈을 타 (㉠　　　　　)을 일으켜 다시 조선 땅을 침략하였다. (㉡　　　　　) 해전에서 우리 조선 수군을 이끌던 원균은 어찌된 영문인지 일본에게 크게 패배하였다. 그리하여 선조께서 나를 다시 불러 삼도 수군통제사로 임명하셨다. 그러나 상황은 너무나 절망적이다. 여기저기를 돌아다니며 (㉢　　　　　)를 모으고 군량과 무기를 구했지만 자신이 없다. 겨우 열세 척의 배로 백여 척이 넘는 일본군과 싸워야 할 것이다. 한산도 대첩에서 성공한 (㉣　　　　　) 전법이 이번에도 효과를 발휘할 수 있을 것인가. 이번 전투에서는 물살이 거센 울돌목까지 일본 수군을 유인하는 것이 중요하다. 나의 계획이 성공한다면 우리 조선 수군이 승리하는 것도 기적이 아닐 것이다.

┌ 보기 ┐
　　　　　　칠천량　　　학익진　　　병사　　　정유재란

[3~4] 다음은 임진왜란 당시 권율 장군을 상대했던 일본군이 독산성 밑에서 나눈 대화입니다. 물음에 답하시오.

우키다: 물독을 실은 말을 보냈으니 이제 독산성 안에 물이 다 떨어졌는지 알 수 있을 것이오.

히에이에: 독산성 안에 물이 떨어졌다는 소문이 사실이면 조선 병사들은 이미 지쳐서 싸울 힘조차 없을 것일텐데……

우키다: 저기, 독산성 꼭대기를 보시오. 우리가 보낸 말인 것 같은데?

히에이에: 옳지, 말 등에 지고 간 물을 모두 마셨는지 지켜봅시다.

우키다: 장군, 저것 좀 보시오. <u>저기 말 등에 쏟아붓는 것이 무엇이오?</u>

히에이에: 물입니다. 조선군이 물이 떨어졌다는 소문이 사실이 아닌 것 같소.

우키다: 얼마나 물이 많으면 우리가 보낸 말을 목욕시켜주고 있다니……

히에이에: 조선군은 어쩌면 공격을 준비하고 있을지도 모를 일입니다. 그만 철수하고 다음을 기약합시다.

우키다: 좋소, 빨리 철수를 준비하라!

3. 위 대화의 밑줄 친 내용과 관련하여 실제로 권율 장군이 말의 등에 쏟아붓도록 지시한 것이 무엇인지 ·보기·에서 골라 기호를 쓰세요.

┌─ 보기 ───────────────────────────────────┐
　　　⊙ 돌　　　　　ⓛ 쌀　　　　　ⓒ 흙
└──┘

(　　　　　　　　)

4. 위 대화를 바탕으로 권율 장군이 지혜를 발휘해 독산성에서 일본군과의 전투를 피하고자 했던 까닭이 무엇인지 쓰시오.

3. 역사 속 라이벌

여보게 진흥왕, 우리가 서로 차지하려고
다투던 한강 유역이 이렇게 바뀌었다네!

우리 후손들이 열심히 노력한 덕에
한강의 기적을 만들었다고 합니다.

역사 속에서 실력과 의지를 겨룬 라이벌의 경쟁은 어떤 결과를 낳았을까요?

한반도에 살았던 왕과 장수들은 나라의 운명과 자신의 목숨을 걸고 상대와 싸우기도 했어요. 또한 예술과 종교에 대해 서로 다른 생각을 가지고 노력하며 함께 발전한 역사 속 라이벌들도 있답니다. 승자와 패자의 운명을 결정지은 모습이 무엇인지 함께 살펴봅시다.

충성! 화랑 관창, 진흥왕께 인사 올립니다!

황산벌에서 맞서 싸운 백제와 신라의 영웅

계백과 관창

비주얼 씽킹
참쌤 동영상

- **살았던 때** 삼국 시대 말
- **두 사람의 관계** 백제의 장군 계백과 신라의 화랑 관창 이 황산벌에서 만남.
- **키워드** #황산벌 전투 #백제 멸망 #화랑 #김유신

| 계백이 바라본 백제의 마지막 모습은 어땠을까?

660년 신라와 당이 힘을 합쳐 백제를 공격하자 백제의 **의자왕**은 계백에게 5천 명의 군사를 조직하여 신라에 맞서 싸울 것을 명령했어. 한때 백제와 신라는 나제 동맹을 맺고 고구려에 대항하기 위해 뜻을 같이했던 사이야. 그러나 신라에게 한강 유역의 땅을 빼앗긴 백제는 이후 신라와 끊임없이 크고 작은 전쟁을 벌였고 갈수록 백제는 힘을 잃고 있었어.

신라는 당과 함께 **나당 연합군**을 만들어 백제를 공격했어. 백제 계백의 상대는 김유신이 이끄는 5만의 신라군으로 백제군보다 열 배나 많은 규모였지. 과연 전투에서 신라가 쉽게 승리했을까?

한국사 용어 퀴즈

1 ☐ 파괴왕   ☐ 의자왕

660년 백제의 멸망을 함께한 백제의 마지막 왕이야. 그는 나라를 다스리는데 노력을 하지 않고 사치를 부리며 국방에 힘쓰지 않았다는 기록이 남아 있어.

2 ☐ 나당 연합군
☐ 나제 연합군

백제의 침략으로 자신의 딸과 사위를 잃은 신라의 무열왕은 백제를 공격하기 위해 바다 건너 당과 힘을 합쳐 연합군을 결성했어.

3 ☐ 황산벌   ☐ 흑사병

지금의 충청남도 논산 일대에 있는 장소로 660년 당시 백제의 영토였어. 이곳에서 백제와 신라의 운명을 건 전투가 벌어졌어.

☞ 1 의자왕 2 나당 연합군 3 황산벌

백제 의자왕의 명령에 계백은 이번이 자신의 마지막 전투임을 예감했어. 그래서 전투에 나서기 전에 먼저 가족들을 하늘로 보냈지.

의자왕
계백아 너밖에 없다.
알것슈!
부인 나를 용서하시오. 하늘에서 만납시다....

황산벌 전투에서 김유신의 예상과는 다르게 신라군은 백제군에게 네 번의 전투에서 모두 다 지고 말았어. 신라의 김유신은 크게 당황하였지.

4번 붙어서 4번 다 얻어맞네ㅠㅠ
5천 백제
신라 김유신
ROUND 5
한 번 더!!

| **어린 나이에도 끝까지 맞서 싸운 관창의 용기는 어디서 나온 것일까?**

5만 명의 병사로 5천 명의 백제군과의 전투에서 번번히 패한 신라군은 **사기**가 크게 떨어졌고 무패의 장수 김유신도 당황하였어.

그때 신라 김품일 장군의 아들인 관창이 나섰단다. 관창은 젊은 화랑으로 누구보다 용맹하고 나라에 대한 충성심이 높았지.

관창은 혼자 말을 타고 백제 진영으로 뛰어들었어. 계백은 어린 관창을 차마 죽일 수 없어 다시 말에 태워 신라군에게 보냈단다.

두 번이나 백제군에 뛰어든 관창을 계백도 어쩔 수 없었어. 결국 계백은 관창의 목을 베어 관창이 타고 온 말에 실어 신라군에게 보냈어. 관창의 죽음을 본 신라의 군사들은 관창의 용맹함에 감탄하며 떨어졌던 사기를 끌어올렸단다.

다섯 번째 전투에서 김유신은 군사를 총 동원하여 계백이 이끄는 백제군을 물리치고 결국 황산벌을 차지하게 되었어.

이후 신라군은 당에서 온 군대와 함께 백제의 도읍인 **사비성**을 점령하고 웅진성에 숨어 있던 의자왕의 항복을 받아 내었어.

한국사 용어 퀴즈

1 ☐사과   ☐사기
군사들의 기운을 말해. '군사들의 사기를 드높이는 일도 훌륭한 장수의 능력이었단다.

2 ☐사비성   ☐웅진성
백제의 세 번째 도읍으로 538년 성왕이 웅진성에서 도읍을 옮긴 곳이야. 성왕은 넓은 땅이 있는 이곳으로 도읍을 옮기며 백제를 다시 일으키려고 노력했지.

정답 1 사기 2 사비성

| 계백과 관창, 그들에게 우리가 할 수 있는 질문은 무엇일까?

660년, 신라는 황산벌 전투에서 승리하고 백제를 정복하며 삼국 통일에 한 발자국 가까이 다가갈 수 있었어. 5천 명의 군사로 5만 명의 신라군과 끝까지 싸우다 목숨을 잃은 백제의 계백과 열여섯의 나이에 죽음을 두려워하지 않았던 신라의 관창을 만나볼까?

계백

Q. 황산벌 전투에 나가기 전에 가족들을 장군의 손으로 죽이고 마지막을 준비하셨다고 들었습니다. 당시 심정을 말씀해 주세요.

계백: 이미 바다로는 당의 군대가 땅으로는 신라의 5만 군사가 백제로 오고 있었소. 이 전투가 나의 마지막이 될 것임을 알고 있었습니다. 그리고 슬프지만 나의 가족이 **포로**로 잡혀 노비가 되는 것보다 차라리 내 손에 죽는 것이 낫다고 생각했소.

Q. 혼자 적진에 뛰어들다니 도대체 어디서 그런 용기가 솟아난 것입니까?

한국사 용어 퀴즈

1 ☐포로 ☐포도

보통 전쟁에서 적군에 사로 잡힌 병사를 말해. 포로들은 적군에 의해 죽임을 당하거나 노비가 되어 힘든 일이나 허드렛일을 해야 했어.

관창: 나는 신라의 화랑이오. 우리가 따르는 세속오계에는 '사군이충 – 나라에 충성한다', '임전무퇴 – 전쟁에 나가서 물러서지 않는다'라는 규율이 있습니다. 신라의 화랑으로서 나라에 충성하는 일은 당연한 것이고 또한 싸움에서 물러서지 않고 끝까지 싸우고자 할 뿐입니다.

관창

📖 1 포로

▼ 신라와 백제의 전투가 벌어졌던 황산벌(충청남도 논산)

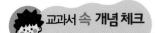 교과서 속 개념 체크 **백제의 도읍 천도 과정**

기원전 18년에 온조왕이 위례성을 도읍으로 정하여 백제를 세움. → 475년 개로왕은 고구려에게 성을 빼앗겨 남쪽의 웅진으로 도읍을 옮김. → 538년 성왕은 사비성으로 도읍을 옮기고 체제를 정비하여 백제를 일으키고자 노력함.

● **계백과 관창에 대한 이야기를 함께 정리해 봐요.** 정답 190쪽

 인물 탐구 **O, ✕ Quiz**

❶ 계백은 황산벌 전투에 앞서 가족들을 안전한 곳으로 피신시켰어요.
(**O**, ✕)

❷ 관창은 노비 출신으로 나라를 위한 충성심으로 전쟁에 참가했어요.
(**O**, ✕)

❸ 신라군은 황산벌 전투에서 승리하고 이후 백제의 사비성을 함락시켰어요.
(**O**, ✕)

✒ 인물 한 문장 쓰기

"정해진 답 대신 여러분의 생각을 자유롭게 써 보세요."

● 신라 관창의 죽음이 헛되지 않았던 이유는 무엇일까요?

_____

_____

_____

생각은 다르지만 마음은 같아요
원효와 의상

비주얼 씽킹
참쌤 동영상

● **살았던 때** 삼국 시대~남북국 시대
● **두 사람의 관계** 불교를 널리 알리고 발전시키고자 함께 노력함.
● **키워드** #해골 물 #나무아미타불 #화엄종 #부석사

│ 신라의 불교를 발전시킨 원효와 의상의 탄생은 어떠했을까?

617년, 아이를 가진 사라 부인은 급히 길을 가다 그만 밤나무 아래에서 사내아이를 낳았어. 그가 바로 원효란다. 훗날 원효는 자신이 태어난 자리에 '사라사'라는 절을 짓기도 했지.

열세 살 무렵 원효는 신라의 화랑이 되었어. 그러나 전쟁터에서 백성들의 죽음과 고통을 목격한 뒤 돌아와 불교를 공부하기 시작했고 새벽을 뜻하는 '원효'라는 **법명**을 직접 짓고 승려가 되었어.

의상은 원효가 태어난 지 8년 뒤인 625년 신라 진골 집안에서 태어났어. 열아홉이 되던 해 승려가 되기 위해 **출가**하였고, 물처럼 고요하고 올바른 삶이라는 의미를 가진 '의상'이라는 법명을 갖게 되었어.

한국사 용어 퀴즈

1 □병명　□법명
승려가 되기 위해 절에서 수행을 한 뒤 스승이 지어 주는 이름을 법명이라고 해.

2 □출가　□가출
불교에서 집을 떠나 불교의 교리를 공부하고 승려가 되는 일을 말해.

정답 1 법명　2 출가

| 원효가 당으로 가던 길에서 다시 돌아온 까닭은 무엇일까?

원효와 의상은 큰 절에서 함께 수련 생활을 하며 서로 생각을 나누게 되었어. 둘은 어떻게 하면 많은 이들에게 불교를 널리 알릴 수 있을지 늘 고민하였단다. 이후 원효와 의상은 함께 뜻을 세우고 불교를 공부하러 중국 당으로 길을 떠나게 되었어.

당으로 길을 가던 원효와 의상은 심한 비바람을 만나 급히 하루 쉬어갈 곳을 찾기로 했어.

마침 머물기 적당한 흙으로 쌓은 굴을 발견하고 그곳에서 잠을 청하기로 했지.

밤중에 목이 말랐던 원효는 잠결에 바가지에 담긴 시원한 물을 들이켰는데 그 물이 해골에 고인 빗물인 것을 알게 되었고….

모든 것은 나의 마음에 달려 있구나…

깜짝 놀라 구역질을 하던 원효는 문득 깨달음을 얻었단다.

"바가지에 담긴 물인 줄 알고 마셨을 때는 그토록 상쾌할 수가 없더니 해골에 고인 물인 것을 알고는 이토록 괴롭고 불편한 것이 마음이구나."

"그래 모든 것은 내 마음을 다스리는 것에 달렸어!'"

원효는 당으로 떠나는 것을 포기하고 신라에 남아 새로운 마음으로 불교를 공부하며 많은 이들에게 불교를 널리 알릴 수 있는 방법을 찾았어.

의상은 원효와 헤어져 홀로 당으로 건너가 다양한 경험을 하였고, 신라로 돌아와서는 신라에 '화엄종'을 널리 알렸어.

한국사 용어 퀴즈

1 ☐화엄종 ☐천태종
세상의 모든 것들은 서로 관계를 맺고 영향을 주며 조화를 이루고 있다는 화엄 사상을 바탕으로 한 불교의 한 종파를 말해.

정답 1 화엄종

| 마음에서 진리를 찾은 원효와 부처의 깨달음을 알리는 의상

어느 날 원효는 거리에서 광대가 춤을 추며 흥겹게 노는 모습에 사람들이 환호하는 것을 보고 생각이 하나 떠올랐어.

광대가 불렀던 노래처럼 쉬운 내용으로 부처의 말씀을 알린다면 그동안 귀족들만 누렸던 불교를 대중에게도 쉽게 알릴 수 있을 거라 생각했지.

"여러분 '나무아미타불'만 외우면 모두 극락 세계에 갈 수 있습니다!"

원효는 광대와 다름없는 옷을 걸치고 거리로 나갔어. 부처의 말씀을 담은 노래를 부르며 흥겹게 춤을 추자 사람들은 신기한 광경에 모여들었지. 누구나 부처의 뜻을 알기 쉽게 만든 그의 노래 덕에 많은 백성들도 불교에 관심을 가지기 시작했어.

의상은 당에서 돌아와 '화엄종'을 신라에 널리 보급했어. 또한 부석사, 낙산사 등 오늘날까지 전해 오는 유명한 절을 세우고 승려들을 모아 부처의 말씀을 전하였단다.

한국사 용어 퀴즈

1 ☐ 된장 ☐ 대중

수많은 사람들의 무리를 말해. 불교의 교리가 어려워 귀족들만이 불교를 믿고 누릴 수 있었던 것을 안타까워한 원효는 백성들도 쉽게 불교를 접할 수 있도록 노력했어.

2 ☐ 극락 ☐ 극악

불교에서 말하는 괴로움이 없고 지극히 편안하여 자유로운 세상이야.

⟦정답⟧ 1 대중 2 극락

거리에서 직접 백성들과 함께 한 원효와 달리 의상은 불교 종파의 하나인 '화엄종'을 바탕으로 불교와 부처의 깨달음을 널리 전하는 것이 중요함을 강조하였지.

서로 방법은 달랐지만 신라의 불교를 백성들에게 널리 알리고자 했던 두 승려의 노력 덕분에 신라의 불교는 귀족뿐만 아니라 대중에게 널리 퍼지며 발전할 수 있었어.

교과서 속 개념 체크 | 통일 신라의 불교 문화

불교 보급 확대	• 신라는 삼국의 문화를 하나로 합치고, 여기에 당의 문화를 받아들여 불교를 더욱 발전시킴. • 원효, 의상 등의 노력으로 불교가 평민에게까지 널리 보급됨.
『무구 정광 대다라니경』	현재 남아 있는 세계에서 가장 오래된 목판 인쇄물로 경주 불국사 삼층 석탑에서 발견됨.
불국사, 석굴암	여러 곳에 절을 짓고 불상, 탑, 범종 등을 만듦.

● 원효와 의상에 대한 이야기를 함께 정리해 봐요. 정답 190쪽

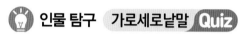 인물 탐구 가로세로낱말 Quiz

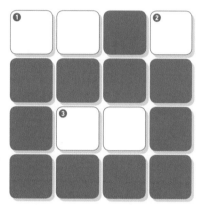

❶ 원효는 모든 것은 [ㅁ][ㅇ] 먹기에 달렸다는 깨달음을 얻었어요.

❷ 의상은 [ㄷ]에서 불교를 공부하고 돌아와 화엄종을 전파했어요.

❸ [ㅇ][ㅎ]는 '나무아미타불'만 외치면 누구나 극락 세계에 갈 수 있다며 불교를 널리 알리고자 했어요.

인물 한 문장 쓰기

" 정해진 답 대신 여러분의 생각을 자유롭게 써 보세요."

● 해골 물을 마신 것을 알게 된 원효가 깨달은 것은 무엇이었을까요?

_____

_____

_____

3. 역사 속 라이벌 **101**

신라의 승리, 백제의 혼란
진흥왕과 성왕

비주얼 씽킹
참쌤 동영상

- **살았던 때** 삼국 시대
- **두 사람의 관계** 나제 동맹을 바탕으로 한강 유역을 차지하였다가 서로 전쟁을 벌임.
- **키워드** #나제 동맹 #관산성 전투 #배신 #한강 유역

| 신라와 백제가 나제 동맹을 맺었던 까닭은 무엇일까?

433년 백제의 비유왕과 신라의 눌지 마립간은 고구려의 공격에 대비하기 위해 나제 동맹을 맺었단다. 당시 고구려의 장수왕은 농업이 발달하고 사람들이 살기 좋은 고구려 남쪽의 한강 유역을 몹시 탐냈어.

당장 강력한 고구려군을 혼자 막을 길이 없으니 힘을 합쳐 함께 고구려에 대항합시다.

고구려

우리 신라도 찬성입니다. 고구려 기마병들이 무서워 요즘 밤잠을 설치고 있어요.

한강 유역

나제 동맹

한국사 용어 퀴즈

1 ☐ 연맹 ☐ 동맹
공동의 이익을 위해 나라와 나라가 잠시 함께하는 것을 말해.

2 ☐ 기마병 ☐ 전차병
말을 타고 빠르게 이동하며 적을 혼란시키는 병사들을 말해. 당시 병사와 함께 말들도 철갑으로 무장한 고구려의 기마병은 백제와 신라에게는 두려움의 대상이 되었나봐.

정답 1 동맹 2 기마병

두 나라의 동맹은 무려 100년이 넘게 유지되었고, 6세기에 각각 백제 성왕과 신라 진흥왕이 즉위했어.

백제의 성왕은 수도를 웅진에서 사비성으로 옮기고 행정 구역과 제도를 정비하며 근초고왕 때 이뤘던 전성기를 되찾으려 노력했어.

신라의 진흥왕은 일찍 왕위에 올라 어른들에게 가르침을 받으며 훌륭한 왕으로 자라났고, 18세가 되던 해부터 나라를 직접 다스렸어. 그는 화랑도를 국가 조직으로 만들어 인재를 키우고 왕권을 강화하려고 노력했단다.

성왕과 진흥왕은 동맹으로 무엇을 얻었을까?

한반도의 중심에 위치한 한강 유역은 농사를 짓기 알맞고 강을 이용해 사람과 물자의 이동이 편리해 오래전부터 백제, 신라, 고구려 삼국이 늘 차지하고 싶은 지역이었어.

신라 진흥왕은 고구려의 영토였던 한강 유역을 어떻게 하면 차지할 수 있을지 늘 고민했어. 이곳을 차지하면 서해 바다를 이용한 교통로를 확보하고 삼국을 통일할 기회를 얻을 수 있었기 때문이야.

백제의 성왕도 온조왕이 **위례성**(한성)을 도읍으로 정하고 무려 500년 넘게 백제의 도읍이었던 한강 유역을 되찾고 싶었단다.

백제는 고구려에게 빼앗긴 한성을 다시 찾고 싶었고, 신라도 삼국의 주도권을 갖기 위해 한강 유역을 가지고 싶었어.

신라 진흥왕은 백제 성왕과 힘을 합쳐 고구려의 한강 유역을 공격하기로 했지.

백제와 신라는 함께 고구려의 한강 유역 지역을 공격하여 고구려의 방어를 뚫고 전투에서 승리했어.

두 나라는 사이좋게 각각 한강의 상류 지역과 하류 지역을 나눠 가질 수 있었지.

한국사 용어 퀴즈

1 ☐ 위례성 ☐ 사비성
초기 백제의 도읍이 있었던 곳으로 오늘날 한강 유역을 중심으로 발달했던 백제의 영토야.

📖 1 위례성

| 나라를 위해 동맹을 깬 진흥왕과 복수에 실패한 성왕

신라 진흥왕은 백제가 차지한 한강 유역도 탐이 나기 시작했단다. 그래서 먼저 백제 몰래 한강 하류 지역까지 군사를 보내 점령하고 동맹을 깨뜨렸어. 이를 알게 된 백제의 성왕도 진흥왕에게 복수를 하고자 신라의 관산성을 공격했지. 백제는 잠시 관산성을 차지했지만 신라는 백제군을 기습 공격하여 성왕을 전사시키고 백제를 상대로 대승을 거두며 다시 관산성을 되찾았단다.

왕을 잃고 혼란에 빠진 백제와 달리 신라는 강력한 왕권을 가지게 된 진흥왕의 지휘 아래 이후 **대가야** 지역을 점령하고 북쪽으로는 고구려 지역까지 진출하며 더욱 영토를 확장할 수 있었지.

한국사 용어 퀴즈

1 □ 대가야   □ 금관가야
지금의 경상남도 고령군에 있었던 가야 연맹 국가 중 한 곳이야. 한때 금관가야를 이어 연맹을 주도적으로 이끌었으나 신라 진흥왕의 공격으로 멸망하였어.

📘 1 대가야

진흥왕!
100여 년이나 이어 온 동맹을 깨뜨리고, 그것도 모자라 관산성에서 나를 죽인 죄. 이거 어떻게 보상 할 거요?!

성왕, 나라를 다스리는 데 영원한 적과 영원한 친구가 어디있습니까? 백제에서는 내가 원수일지 몰라도 우리 신라에서는 삼국 통일의 기초를 마련한 영웅으로 대접 받는다니까요.

원고   성왕   피고   진흥왕

▼ 오늘날의 한강 유역의 모습(서울특별시)

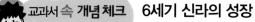 **교과서 속 개념 체크** 6세기 신라의 성장

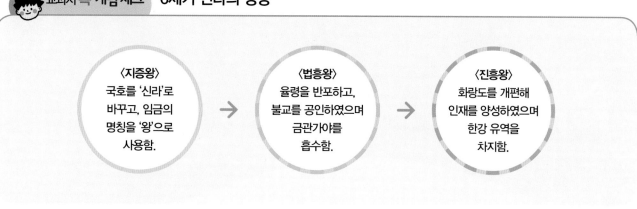

〈지증왕〉
국호를 '신라'로 바꾸고, 임금의 명칭을 '왕'으로 사용함.

→

〈법흥왕〉
율령을 반포하고, 불교를 공인하였으며 금관가야를 흡수함.

→

〈진흥왕〉
화랑도를 개편해 인재를 양성하였으며 한강 유역을 차지함.

● 진흥왕과 성왕에 대한 이야기를 함께 정리해 봐요. 정답 190쪽

💡 **인물 탐구** 사다리 **Quiz**

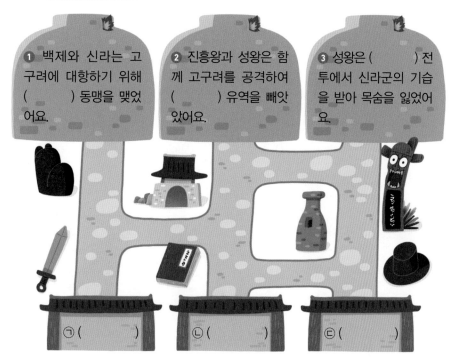

❶ 백제와 신라는 고구려에 대항하기 위해 (   ) 동맹을 맺었어요.

❷ 진흥왕과 성왕은 함께 고구려를 공격하여 (   ) 유역을 빼앗았어요.

❸ 성왕은 (   ) 전투에서 신라군의 기습을 받아 목숨을 잃었어요.

㉠ (   )   ㉡ (   )   ㉢ (   )

🖊 **인물 한 문장 쓰기**

" 정해진 답 대신 여러분의 생각을 자유롭게 써 보세요."

● 진흥왕이 백제의 한강 유역까지 가지려 했던 이유는 무엇일까요?

개혁이냐, 혁명이냐

정몽주와 정도전

- **살았던 때** 고려 시대 말
- **두 사람의 관계** 고려를 개혁하고자 하는 방법이 서로 달라 갈등함.
- **키워드** #신진 사대부 #이성계 #개혁 #이방원

고려 말에 새롭게 등장한 신진 사대부는 누구일까?

고려 말에는 중국에서 반란을 일으킨 세력인 **홍건적**이 고려를 침략하였고, 바다에서는 왜구가 고려 해안의 여러 곳에 나타나 약탈을 일삼았어. 나라 안으로는 불교 세력이 부패하고, 권력을 가진 권문세족의 횡포는 고려를 더욱 어지럽게 만들었지.

이때 고려를 개혁하고 백성을 위한 정치를 하고자 하는 새로운 자들이 등장했어. 바로 신진 사대부와 신흥 무인 세력이란다.

한국사 용어 퀴즈

1 ☐ 황건적   ☐ 홍건적

원의 지배를 받던 중국의 한족이 종교 세력이 되어 반란을 일으킨 집단이야. 이들은 머리에 붉은 띠를 두르고 있었기 때문에 홍건적이라고 불렸어.

2 ☐ 권문세족

☐ 신진 사대부

새롭게 변화하려는 선비들이란 뜻을 가진 낱말로 부패한 고려를 개혁하자고 주장하고 성리학을 바탕으로 나라를 다스리고자 했어.

정답 1 홍건적 2 신진 사대부

신진 사대부인 정도전과 정몽주 등은 어지러운 고려를 개혁을 하기 위해 군사적 힘을 가진 신흥 무인 세력과 뜻을 같이하게 되었어.

개혁을 하고 싶지만 방법이 달랐던 두 사람, 정몽주와 정도전

신흥 무인 세력인 이성계는 우왕이 지시한 **요동 정벌**을 포기하고 위화도에서 군사를 돌려 개경으로 진군했어. 군사를 이끌고 돌아온 이성계는 최영을 귀양 보내고, 우왕을 끌어내려 신진 사대부들과 함께 정권을 잡았단다.

새롭게 권력을 잡은 이성계와 신진 사대부들은 권문세족의 토지를 몰수하고, **과전법**을 실시하며 경제력을 얻을 수 있었어.

이러한 과정 속에서 개혁에 대해 같은 뜻을 가지고 있던 신진 사대부들 사이에 갈등이 나타났어.

정도전은 이성계와 함께 고려를 무너뜨리고 새로운 국가를 세우려는 목표를 세웠단다. 더 이상 고려 왕조를 유지하는 것은 의미가 없다고 판단한 것이야. 그러나 정몽주는 정도전의 뜻에 반대하며 고려 왕조를 유지하면서 함께 고려를 개혁하자고 주장하였지.

이들을 각각 정도전이 이끄는 '급진 개혁파'와 정몽주가 이끄는 '온건 개혁파'라고 부른단다.

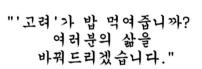

"'고려'가 밥 먹여줍니까?
여러분의 삶을
바꿔드리겠습니다."

"새 나라를 세울 힘이면
고려 왕실을 바로잡고
백성을 보살필 수 있습니다!"

한국사 용어 퀴즈

1 ☐ 요동 정벌 ☐ 고려 정벌
명이 고려의 철령 북쪽의 땅을 점령하려 하자 고려에서 이에 반발하며 명의 요동 지역을 빼앗으려고 일으킨 전쟁이야.

2 ☐ 직전법 ☐ 과전법
관리들에게 경기 지역의 땅에서 세금을 거둘 수 있는 권리를 나라에서 나눠준 제도야. 이를 바탕으로 신진 사대부는 부를 가질 수 있었고, 농민들의 세금 부담도 조금은 줄어들었단다.

정답 1 요동 정벌 2 과전법

| 단심가를 지은 정몽주의 속뜻은 무엇이었을까?

새로운 왕조를 세워 개혁을 하려던 정도전에게 정몽주는 그야말로 눈엣가시였어. 이성계의 아들 이방원은 정몽주를 **회유**하기 위해 여러 방법으로 노력했지만 고려를 지키겠다는 정몽주의 마음은 결코 흔들리지 않았단다.

정몽주를 만난 이방원은 「하여가」라는 시를 한 수 들려주었어.

하여가

이런들 어떠하며 저런들 어떠한가
만수산 드렁칡이 얽어진들 어떠하리
우리도 이같이 얽어져 백년까지 누리리다

> 고려 왕조를 지키는 일은 중요치 않으니 새로운 나라를 세워 함께 어울려 잘 살아 보자는 뜻이 담겨 있어.

그러자 정몽주도 「단심가」를 지어 답하였지.

단심가

이 몸이 죽고 죽어 일백 번 고쳐 죽어
백골이 진토되어 넋이라도 있고 없고
님 향한 일편단심이야 가실 줄이 있으랴

> 백 번을 죽어도 고려 왕조를 지키겠다는 정몽주의 나라를 향한 마음이 담겨 있어.

> 결국 설득에 실패한 이방원은 개경의 선죽교에서 부하들을 시켜 정몽주를 제거하였어.

반대 세력을 없앤 정도전을 비롯한 신진 사대부들은 이성계를 새로운 왕으로 추대하였어. 1392년 왕위에 오른 이성계는 나라의 이름을 '조선'이라 하고 새로운 나라를 세웠단다.

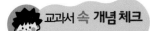

고려 말 신진 사대부가 성장하고 신흥 무인 세력이 활약함.	→	1388년 위화도 회군을 통해 이성계와 신진 사대부가 권력을 잡음.	→	1391년 권문세족의 토지를 몰수하고 과전법을 실시하여 경제적 기반을 마련함.	→	정도전 세력이 온건 개혁파인 정몽주를 제거하고 1392년 이성계가 조선을 건국함.

● 정몽주와 정도전에 대한 이야기를 함께 정리해 봐요. 정답 190쪽

💡 인물 탐구　O, X　Quiz

❶ 정몽주와 정도전은 신흥 무인 세력이었어요.
(O, X)

❷ 고려 왕조를 지키고자 했던 정몽주는 이방원에게 죽임을 당했어요.
(O, X)

❸ 정도전은 이성계를 왕으로 추대하고 새로운 나라를 세웠어요.
(O, X)

🖋 인물 한 문장 쓰기

"정해진 답 대신 여러분의 생각을 자유롭게 써 보세요."

● 만약 정도전이 정몽주를 살려 두었다면 어떻게 되었을까요?

_____

_____

_____

서로 다른 왕을 섬긴 두 명의 신하

성삼문과 신숙주

비주얼 씽킹!
참쌤 동영상

- **살았던 때** 조선 시대, 세종~세조
- **두 사람의 관계** 단종을 지키려는 성삼문과 세조의 편에 선 신숙주
- **키워드** #사육신 #단종 #세조 #세종 대왕

┃ 단종을 지키자고 약속한 두 사람

성삼문은 1418년에 태어난 조선 시대의 학자야. 세종 시절 문과 시험에 급제하였으며 뛰어난 글솜씨와 문장으로 유명세를 떨쳤다고 해. 또한 성삼문은 당시 젊은 관리들을 눈여겨 보던 세종의 부름을 받고 **집현전** 학사로 활동하며 세종이 훈민정음을 창제하는 데도 참여했다고 알려져 있어.

신숙주는 1417년에 태어나 성삼문과 같이 집현전 학사로 다양한 학문을 연구하였으며 역시 세종의 총애를 받았던 인물이야.

한편 세종은 자신의 아들인 **문종**이 몸이 약해 죽고 나면 홀로 남겨질 손자인 어린 단종을 크게 걱정했어.

참으로 믿음직한 친구들이로구나.

집 현 전

세 종

성삼문 신숙주

단종

성삼문과 신숙주 자네들이 꼭 단종을 보살펴 주게나….

성삼문과 신숙주는 집현전에서 함께 활동하며 중국으로 건너가 훈민정음을 만들기 위한 다양한 자료를 수집하기도 했어.

한국사 용어 퀴즈

1 ☐ 집현전 ☐ 강녕전

세종이 궁중에 세운 학문 연구 기관으로 젊고 유능한 학사를 두고 다양한 학문을 연구하도록 지원하였어.

2 ☐ 문중 ☐ 문종

조선의 5대 임금으로 세종의 뒤를 이어 이어 즉위하였으나 3년 만에 병으로 세상을 떠났어. 세자 시절에는 세종을 도와 나랏일을 살피며 능력을 보여주기도 했어.

정답 1 집현전 2 문종

| 어린 단종의 자리를 넘보는 사람이 있었다고?

문종이 즉위한지 3년 만에 병으로 세상을 떠나자 당시 겨우 11세에 불과했던 어린 단종이 임금으로 즉위하였어.

단종의 주변에는 어린 조카인 단종을 지켜보던 삼촌이 있었어. 그가 바로 수양 대군이야. 수양 대군의 동생인 **안평 대군**이 김종서 등과 손을 잡고 세력을 키우자 수양 대군은 난을 일으켜 안평 대군을 귀양 보내고 정권을 차지했어. 그리고 단종의 자리까지 넘보았단다.

조정의 신하들은 수양 대군이 임금이 되는 것에 대해 반대하는 사람들과 찬성하는 사람들로 나누어졌어.

성삼문은 수양 대군이 단종의 자리를 넘보는 것을 반대하였고 여러 신하들과 함께 단종을 지키고자 노력했어.

한편 신숙주는 수양 대군과 함께 중국의 사신단으로 다녀오며 더욱 사이가 가까워졌고, 결국 수양 대군의 편에 서게 되었어.

세종께서 하신 부탁을 잊었소? 우리라도 어린 단종을 끝까지 지켜드려야 합니다.

이미 수양 대군의 세력이 조정을 집어삼키고 있소. 수양 대군을 임금으로 모셔야 단종의 목숨을 지킬 수 있소.

수양 대군 (세조)

결국 단종은 스스로 왕의 자리에서 물러나고 수양 대군이 세조로 즉위를 하였어. 성삼문과 같이 수양 대군의 즉위를 반대했던 신하들은 그가 세조가 된 이후에도 여전히 '나리'라고 부르며 임금으로 받아들이지 않았다고 해. 이에 반해 단종의 **양위**와 세조의 즉위에 크게 반대하지 않았던 신숙주는 이후에도 활발한 활동을 하며 세조의 곁에서 수많은 공을 쌓았어.

한국사 용어 퀴즈

1 ☐안평 대군 ☐수양 대군
세종의 셋째 아들이자 문종의 동생으로 형제들 못지 않게 능력이 출중하였어. 김종서와 함께 역모를 꾸몄다는 죄로 죽음을 맞이했어.

2 ☐소위 ☐양위
임금의 자리를 물려주는 것을 말해. 단종은 수양 대군의 압력에 못 이겨 결국 임금의 자리에서 내려오고 수양 대군이 세조로 즉위하였어.

탑 1 안평대군 2 양위

| 성삼문은 단종을 다시 임금의 자리에 올리려 했다고?

신숙주는 충성이나 의리보다 현실이 중요하다고 생각했어. 그는 단종이 왕위를 되찾아오는 일은 가능성이 없기 때문에 자신의 목숨을 버리는 건 가치가 없다고 생각했어. 그래서 배신자라는 비난에도 굴하지 않고 자신의 길을 걸었어.

그러나 세조를 끝까지 임금으로 인정하지 않았던 성삼문을 비롯한 박팽년, 하위지 등은 세조 몰래 단종을 다시 임금의 자리에 올리려는 계획을 세우고 있었어. 하지만 세조가 이 사실을 미리 알아차리고 성삼문을 비롯한 관련된 자들을 모두 잡아들였어.

"자네들은 어찌 임금인 나를 배반하려 했는가?"라며 세조가 묻자 성삼문은 "나는 단지 신하로서 내 임금을 모시려 하였습니다. 단종이 계시거늘 어찌 나리께서 임금이라 하십니까?"라며 세조를 임금으로 인정하지 않았단다.

이처럼 끝까지 단종을 임금으로 모시려한 성삼문을 비롯한 여섯 신하들은 모두 처형을 당하거나 스스로 가족과 함께 목숨을 끊었어. 이들을 '죽은 여섯 명의 신하'라고 하여 **사육신**이라고 부른단다. 그리고 세조가 왕위를 빼앗고 임금이 되자 벼슬을 내려놓고 세조를 임금으로 모시길 거부한 신하들은 '살아남은 여섯 명의 신하'라고 하여 **생육신**이라고 부르고 있어.

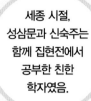 교과서 속 개념 체크 성삼문과 신숙주의 대립

세종 시절, 성삼문과 신숙주는 함께 집현전에서 공부한 친한 학자였음. → 어린 단종이 즉위하자 삼촌인 수양 대군(세조)은 왕위를 노림. → 성삼문은 단종의 편에, 신숙주는 수양 대군의 편에 서서 서로 대립하게 됨. → 성삼문을 비롯하여 단종의 복위 계획을 세웠던 신하들은 죽임을 당함.

● 성삼문과 신숙주에에 대한 이야기를 함께 정리해 봐요. 정답 191쪽

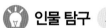 인물 탐구 가로세로낱말 Quiz

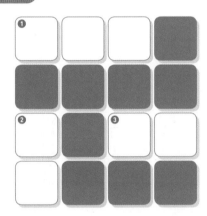

❶ 성삼문과 신숙주는 함께 ㅈ ㅎ ㅈ 의 학사로 활동하였어요.

❷ 수양 대군은 조카인 ㄷ ㅈ 을 대신해 자신이 임금의 자리에 오르려고 하였어요.

❸ 성삼문은 단종의 자리를 빼앗고 임금이 된 ㅅ ㅈ 를 임금으로 인정하지 않았어요.

 인물 한 문장 쓰기

" 정해진 답 대신 여러분의 생각을 자유롭게 써 보세요."

● 세조를 따른 신숙주의 행동은 무조건 비판을 받아야 할 일일까요?

_____

_____

_____

필연적인 라이벌, 두 나라의 지도자

연개소문과 당 태종

비주얼 씽킹
참쌤 동영상

- **살았던 때** 7세기 삼국 시대
- **두 사람의 관계** 고구려의 권력자와 당의 황제로 끊임없이 서로 전쟁을 치름.
- **키워드** #대막리지 #천리장성 #안시성 싸움

| 연개소문은 어떻게 고구려의 일인자가 되었을까?

연개소문은 고구려의 가장 높은 관직인 '동부 대인 **대대로**' 연태조의 아들로 태어났어. 연개소문은 어려서부터 성격이 호탕하고 무예가 뛰어났다고 해. 연개소문이 아버지의 관직인 대대로를 물려받으려 하자 다른 세력들이 이를 강하게 반대하였고, 연개소문은 머리를 숙이며 권력을 함부로 휘두르는 일이 없을 것이라고 달랬단다. 그러나 어렵사리 대대로가 된 연개소문은 권력을 차지하기 위해 영류왕을 비롯해 귀족들과의 세력 다툼을 벌이게 되었단다.

한국사 용어 퀴즈

1 ☐ 대대로   ☐ 차례대로
고구려의 관직 중에 등급이 가장 높은 자리로 왕과 함께 나랏일을 돌보았으며 제가 회의를 이끌었어.

2 ☐ 사해   ☐ 시해
나라의 왕(임금)을 죽이는 일을 말해. 연개소문은 군사를 일으켜 궁에 있던 고구려의 영류왕을 죽이고 보장왕을 왕의 자리에 앉혔어.

3 ☐ 대막리지   ☐ 마일리지
고구려 말에 행정과 군사를 모두 통치하던 가장 높은 관직이야. 연개소문은 고구려의 최고 권력자인 대막리지가 되어 왕권을 누르고 나라를 통치했어.

☞ 1 대대로 2 시해 3 대막리지

연개소문은 수많은 귀족과 관리들이 모인 행사장에서 무참하게 이들을 죽였어.

군사를 이끌고 궁궐로 향한 연개소문은 영류왕을 시해하고 권력을 차지했지.

권력을 차지한 연개소문은 보장왕을 허울뿐인 왕의 자리에 앉히고 자신은 대막리지가 되어 고구려를 다스리기 시작했어.

중국을 정복한 당의 태종, 이세민의 등장

중국에서는 618년 수가 멸망하고 당이 등장했어. 당은 처음에는 고구려와 좋은 관계를 유지했지만 이후 태종인 이세민이 왕위에 오르면서 고구려와의 관계가 달라졌어.

당 태종은 젊은 시절부터 아버지를 따라 전쟁터를 누볐고, 당이 중국을 통일할 때까지 여러 차례의 전쟁을 승리로 이끌었어. 이후 당 태종은 권력 다툼을 벌여 자신의 두 형을 죽이고 스스로 왕위를 차지하였지.

당 태종은 당시 주변의 여러 나라와 사대 관계를 맺거나 복속시키려는 계획을 세웠어. 그리고 요동 지역을 경계로 마주하고 있는 고구려를 어떻게 침략할지 고심하고 있었어.

이를 대비해 고구려에서는 **천리장성**을 쌓았고, 연개소문은 당과 좋은 관계를 유지했던 영류왕과는 달리 당과의 전쟁을 두려워하지 않았어.

결국 당 태종은 고구려의 연개소문이 왕을 시해하고 올바르지 않은 방법으로 정권을 잡았다는 것을 구실로 고구려에 쳐들어왔어.

한국사 용어 퀴즈

1 ☐ 만리장성 ☐ 천리장성
고구려가 당의 침략을 막기 위해 국경의 서쪽 지역인 요동 일대에 쌓은 성벽이야.

📖 1 천리장성

| 연개소문이 이끄는 고구려는 어떻게 당을 물리쳤을까?

치밀하게 전쟁을 준비한 당 태종이 고구려를 침략하자 고구려의 요동성과 백암성이 순식간에 함락되고 주필산 전투에서는 고구려군은 엄청난 피해를 입었어.

그리고 한달 뒤 평양성으로 가는 길목에 위치한 **안시성**을 두고 당과 고구려의 치열한 전투가 벌어졌어.

당 태종은 앞선 전투와 같이 안시성을 쉽게 함락시킬 수 있을 거라 자신했지만 어찌된 일인지 고구려군은 쉽게 무너지지 않았고 두 나라의 전투가 길어졌단다. 양만춘 장군이 이끄는 고구려군은 낮에는 당 군대의 공격을 막고 밤에는 몰래 성 아래로 내려가 당 군대가 머물고 있는 곳을 급습하여 당 군대를 괴롭혔어. 더군다나 당 군대가 안시성을 공격하기 위해 성의 맞은편에 수개월 동안 흙을 쌓아 만든 **토산**이 거센 비에 무너지면서 당 군사들의 사기가 꺾여버렸어.

한국사 용어 퀴즈

1 ☐ 안시성　　☐ 임시성
현재 중국의 요녕 지역에 있던 고구려의 산성 중 하나야.

2 ☐ 토산　　☐ 태산
당 태종은 안시성을 공격하기 위해 성의 반대편에 수개월에 걸쳐 흙을 쌓아 안시성보다 높은 산을 만들었어.

📖 **1** 안시성　**2** 토산

5개월 동안이나 계속된 전투로 지쳐버린 당 태종은 겨울이 되어 날씨가 추워지자 결국 후퇴하였고, 안시성 전투에서 승리하며 연개소문이 이끄는 고구려는 평양성을 지켜냈단다.

이후 당 태종은 무리하게 추진한 고구려와의 전쟁으로 인해 병을 얻어 649년에 목숨을 잃었고, 당도 그 뒤로 국력이 크게 약해졌어.

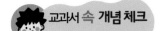 **교과서 속 개념 체크** **연개소문과 당 태종의 싸움**

연개소문이 당에 우호적이었던 영류왕을 죽이고 권력을 차지함. → 주변으로 영토를 확장하던 당 태종은 군대를 이끌고 고구려를 침략함. → 안시성에서 고구려는 당의 군대와 끝까지 싸워 방어함. → 길어진 전투로 지친 당 태종은 후퇴를 지시하고 고구려가 승리함.

● **연개소문과 당태종에 대한 이야기를 함께 정리해 봐요.** 정답 191쪽

💡 **인물 탐구** **사다리** **Quiz**

❶ 연개소문은 (   )과 귀족들을 죽이고 권력을 차지했어요.

❷ 당의 (   )은 연개소문의 정변을 구실 삼아 고구려를 침략하였어요.

❸ 양만춘 장군이 이끄는 고구려군은 (   )에서 당의 군대에 맞서 싸워 승리하였어요.

㉠ (   ) ㉡ (   ) ㉢ (   )

✒️ **인물 한 문장 쓰기**

"정해진 답 대신 여러분의 생각을 자유롭게 써 보세요."

● 당 태종이 고구려를 침략한 구실은 무엇이었을까요?

임금을 사이에 둔 권력 다툼
흥선 대원군과 세도 가문

비주얼 씽킹! 참쌤 동영상

● **살았던 때** 18세기~19세기 조선 시대
● **갈등의 모습** 흥선 대원군과 세도 가문이 권력 다툼을 벌임.
● **키워드** #안동 김씨 #풍양 조씨 #고종 #명성 황후

| 세도 가문은 언제부터 권력을 가지게 되었을까?

조선의 21대 임금인 영조는 부족한 왕권을 지키는 데 도움을 줄 수 있는 세력으로 자신의 사돈인 풍산 홍씨 일가를 높은 관직에 앉혔어. 그 후 순조가 어린 나이에 즉위하면서부터 세도 가문의 세력이 매우 강해졌단다.

세도 가문에 돈을 주고 벼슬을 얻은 이들은 다시 세금이란 이름으로 백성들의 재산을 여러 가지 방법으로 빼앗았어.

이들은 권력을 손에 넣고 뇌물을 받아 관직을 팔기도 했어. 이 때문에 과거 시험에서 억울하게 떨어진 사람도 생겨났지.

한국사 용어 퀴즈

1 □세도 가문 □섣달그믐
정치적 힘을 얻고 마음대로 권력을 휘두르는 가문을 말해. 조선 후기에는 세도 가문의 횡포가 심해지면서 왕권이 약화되고 백성들의 삶은 더욱 어려워졌어.

2 □나물 □뇌물
어떤 대가를 얻기 위해 결정권을 가진 사람에게 돈이나 물건을 건네는 것을 말해. 세도 가문 권력자들은 뇌물을 받고 관직을 팔기도 했으며, 이 때문에 관리를 선발하는 과거 시험의 결과가 뒤바뀌는 일도 있었다고 해.

답 1 세도 가문 2 뇌물

어린 나이 탓에 순조를 대신해 순조의 어머니가 나랏일을 살피면서 순조의 외가인 안동 김씨 세력이 높은 관직을 차지하고, 권력을 마음대로 휘두르며 왕권은 크게 약해졌어.

순조 임금 시절은 안동 김씨, 그 뒤를 이은 헌종 임금 시절은 풍양 조씨 등으로 대표되는 세도 가문은 임금과 가문의 자식을 혼인시키며 계속 권력을 유지할 수 있었단다.

| 흥선 대원군 이하응은 어떻게 권력을 손에 넣었을까?

1820년에 태어난 이하응은 왕실의 먼 친척으로 1843년에 '흥선군'이라는 일
종의 직책을 얻게 되었어. 당시 세도 가문이었던 안동 김씨 일가는 정권을 장
악하고 주변에 임금 외에 다른 왕족의 세력이 성장하는 것을 막기 위해 왕족을
제거하는 일도 서슴치 않았어. 그래서 이하응은 목숨을 지키기 위해 일부러 정
치에는 전혀 관심이 없는 척 생활하였으며, 안동 김씨 가문에 찾아가 구걸까지
하였어. 게다가 왕족인 이하응은 출신도 모르는 일반 백성들과도 어울린다는
소문이 나며 세도 가문의 눈초리에서 벗어날 수 있었지.

당시 철종 임금이 뒤를 이을 아들을 얻지 못하자 이하응은 자신의 아들을 왕
위로 올리고자 몰래 계획을 세웠어. 이하응은 궁 안의 가장 큰 어른이었던 신
정왕후(조대비)에게 접근하며 손을 잡았어. 그녀는 그동안 안동 김씨 가문의
권세에 밀려 초라한 궁중 생활을 하고 있었지.

병을 얻은 철종이 그만 숨을 거두자 왕실은 더 이상 조정을 이어 나갈 가까운
왕족을 찾을 수 없었어. 그래서 이하응의 둘째 아들인 명복이 왕실의 양자로
들어가 곧바로 1864년 고종 임금의 자리에 올랐어. 이하응의 오랜 노력이 현실
로 이루어지는 순간이었단다.

당시 고종은 12살의 어린 나이였기에 실질적으로 나랏일을 결정하는 사람은
바로 '흥선 대원군'이 된 이하응이었어.

한국사 용어 퀴즈

1 □대원군   □단양군
조선 시대에 왕위를 이을 형
제나 자손이 없을 경우 친척
중에 왕위를 새로 이은 사람
의 아버지를 일컫는 말이야.
보통 대원군이라고 하면 흥
선 대원군을 떠올리는 경우
가 많아.

📖 1 대원군

| 흥선 대원군은 어떻게 세도 가문과의 싸움에서 승리했을까?

고종이 즉위하자 흥선 대원군은 본격적으로 세도 가문을 배척하고 왕권을 강화하기 시작했어.

우선 안동 김씨 무리를 정권에서 몰아내고 가문의 힘과 뇌물로 관직을 사고팔지 못하도록 능력에 따라 인재를 뽑고자 했어.

또한 세도 가문이 나랏일을 좌지우지하던 기관으로 변해 버린 **비변사**를 없애 권력이 다시 임금에게 돌아올 수 있는 정책을 펴기도 했어.

비변사도 없어지고 왕실 주변에 혼인이나 친척 관계도 없어지자 여러 세도 가문은 권력을 모두 잃었어.

그리고 흥선 대원군은 그동안 권력을 잡았던 안동 김씨나 풍양 조씨 가문 대신 자신의 처가였던 여흥 민씨 가문에서 고종의 왕비를 맞아들였어. 흥선 대원군은 여흥 민씨인 명성 황후가 아버지나 형제가 없어 이들이 권력을 잡고 왕권을 약화시킬 일이 없을 것이라고 판단했기 때문이지.

그러나 흥선 대원군의 시대는 고종이 어른이 되면서 막을 내리게 되었단다. 고종은 흥선 대원군의 간섭을 더 이상 바라지 않았을 뿐만 아니라, 명성 황후 또한 뒤에서 흥선 대원군을 자리에서 내려오게 했어.

몇 년만 참고 기다리면….

저도 이제 다 컸어요!

이제 고종에게 통치권을 넘기세요!

며느리가 저렇게 강할 줄이야. 내가 설 자리가 이제 없어졌구나.

여흥 민씨 (명성 황후)

고종

흥선 대원군

한국사 용어 퀴즈

1 ☐ 배척 ☐ 개척
따돌리거나 거부하여 밀어내친다는 뜻으로, 왕실을 점령하고 있던 세도 가문을 몰아낸 흥선 대원군의 행동에서 볼 수 있어.

2 ☐ 비봉산 ☐ 비변사
조선 시대에 나라의 중요한 일을 결정하던 기구였어. 그러나 조선 후기 세도 가문이 권력을 잡으면서 비변사는 제 기능을 잃고 권력을 가진 자들이 부패를 일삼던 곳이 되었지.

🔑 1 배척 2 비변사

그 후 세도 정치를 끝내고자 했던 흥선 대원군의 노력이 무색하게도, 왕실 주변에는 명성 황후의 여흥 민씨 집안 사람들이 주요 관직을 차지하고 여러 세도 가문들이 했던 것처럼 그들도 권력을 휘둘렀단다.

왕권과 재정 강화	그동안 면제가 되었던 양반들에게도 세금을 내도록 하였으며, 문제를 일으켰던 전국의 서원을 일부만 남기고 정리함.
인재 등용	능력에 따라 훌륭한 인재를 등용하여 나랏일을 보도록 함.
경복궁 중건	임진왜란 때 불에 탄 경복궁을 다시 지으려 함. → 재정을 낭비하고 높은 세금을 거두어 백성들의 불만을 키움.

● 흥선 대원군과 세도 가문에 대한 이야기를 함께 정리해 봐요. 정답 191쪽

🔦 **인물 탐구** O, X Quiz

❶ 세도 가문은 나라를 올바른 길로 이끌기 위해 노력했던 사람들이에요. (O, X)

❷ 흥선 대원군은 자신이 직접 왕이 되어 나라를 다스렸어요. (O, X)

❸ 흥선 대원군이 물러나자 명성 황후의 민씨 집안이 권력을 잡았어요. (O, X)

🖋 **인물 한 문장 쓰기**

"정해진 답 대신 여러분의 생각을 자유롭게 써 보세요."

● 흥선 대원군은 세도 가문을 몰아내기 위해 어떤 노력을 했나요?

조선을 대표하는 두 화가

김홍도와 신윤복

- **살았던 때** 18세기 조선 시대
- **두 사람의 관계** 도화서에서 그림을 그리기도 하였으며 서로 다른 화풍으로 다양한 작품을 남김.
- **키워드** #풍속화 #도화서 #「씨름」 #「단오풍정」

| 김홍도와 신윤복의 그림은 어떤 차이가 있을까?

조선 시대를 대표하는 화가 김홍도와 신윤복은 당시 비슷한 시기에 태어나 활동하며 뛰어난 그림 실력을 뽐낸 사람들이야.

두 사람은 모두 나라에서 운영하는 **도화서**에서 그림을 그리며 생활한 적이 있고, 밖으로 나와서는 사람들의 생활 모습을 각자의 방법으로 표현하며 다양한 작품을 남겼어.

그럼 두 사람의 그림은 어떻게 달랐을까?

김홍도는 일반 서민들의 유쾌하고 익살스러운 모습을 그림에 담았어. 신윤복은 가늘고 세밀한 선을 이용해 양반들의 모습이나 **기생**, 남녀 간의 사랑을 주제로 그림을 그렸지.

한국사 용어 퀴즈

1 ☐도화서   ☐도화지

궁중에서 필요로 하는 그림을 제작하는 조선 시대 관청 중 하나였어. 궁중 사람들의 초상화, 행사에 쓰이는 병풍, 기록화 등 많은 종류의 그림을 그렸으며 이곳에서 일하는 이들은 심사를 통해 선발했지.

2 ☐미생   ☐기생

조선 시대 잔치나 술자리에서 노래를 부르고 춤을 추거나 악기를 연주하는 등 흥을 돋구던 일을 하던 여인을 말해.

정답 1 도화서 2 기생

신윤복

가늘고 세밀한 선

진하고 선명한 색 사용

배경을 자세히 묘사

양반들의 모습이나 남녀 간의 사랑을 주로 그림.

빠르고 강한 선

색을 거의 칠하지 않음.

배경을 거의 그리지 않음.

일반 서민들의 유쾌한 모습을 주로 그림.

김홍도

김홍도가 매화나무를 그리고 3천 냥을 받았다고?

김홍도는 양반과 상민 사이의 신분인 **중인**으로 태어났단다. 일찍이 김홍도의 그림 실력을 알아본 스승 강세황은 도화서의 화원으로 김홍도를 추천했지. 김홍도는 실력을 인정받아 임금의 초상을 그리고 다양한 궁중 미술 작업에 참여하는 등 많은 업적을 이루어 냈어.

정조 임금은 중인 신분인 김홍도에게 충청도 연풍현감이라는 관직을 내릴 정도로 김홍도를 무척이나 아꼈지.

그러나 김홍도는 명예나 부에 집착하기 보다 삶과 **풍류**를 즐기며 사는 것을 더 좋아했던 사람이었어. 도화서 밖에서는 농촌이나 시골 생활, 평범한 사람들의 생활 모습을 주제로 여러 작품을 남겼지. 매화나무에 관한 김홍도의 이야기를 한번 들어 볼래?

김홍도의 대표작인 「씨름」, 「서당」 등을 보면 서민들의 생활 모습이 잘 묘사되어 있어. 당시 많은 이들이 김홍도의 그림을 한 점 갖기 위해 날마다 그의 집 앞에서 긴 줄을 서서 기다리곤 했다고 해.

「씨름」은 김홍도의 그림 중에 가장 많이 알려진 작품으로 서민들이 씨름을 즐기는 모습을 생동감 있게 표현했어. 씨름을 겨루는 두 사람 주변으로 다양하게 표현된 사람들의 모습도 흥미로워.

▲ 김홍도의 「씨름」

한국사 용어 퀴즈

1 ☐중인　　☐주인
조선 시대 양반과 상민 사이에 있던 신분 계급이야. 이들은 양반에 비해 여러 가지 차별을 받았고, 관직을 얻는 것에도 제한이 있었어.

2 ☐풍력　　☐풍류
자연을 가까이 하며 예술을 사랑하고, 여유롭게 자유를 즐기며 노는 것을 말해.

정답 1 중인 2 풍류

| 도화서를 뛰쳐 나온 신윤복은 무엇을 그렸을까?

신윤복은 도화서의 화원이었던 아버지와 할아버지의 재능을 이어받아 어린 시절에 도화서에 입문한 천재 화가였어. 그러나 신윤복은 이른 나이에 도화서를 나와 자신의 화풍을 개척하여 김홍도와 함께 조선 시대를 대표하는 다양한 풍속화를 그려 냈어.

신윤복이 화가로 활동하던 조선 후기에는 서민 문화의 발전과 더불어 풍류와 재미를 즐기는 사람들이 생겨났어. 그들의 지원 덕분에 신윤복은 마음껏 그리고 싶은 그림을 그릴 수 있었지. 김홍도와 달리 신윤복의 자세한 행적은 기록으로 남아 있지 않지만 지금도 신윤복의 많은 그림들이 우리에게 남겨져 내려오고 있어.

한국사 용어 퀴즈

1 □ 풍속화   □ 추상화
왕이나 귀족들이 즐기거나 이들을 그린 것이 아닌 평범한 사람들이 평소에 생활하는 모습을 표현한 그림을 말해.

🔑 1 풍속화

신윤복의 「단오풍정」 ▶

「단오풍정」은 신윤복의 그림 세계를 잘 나타낸 그림이야. 가는 선으로 사람들의 몸짓과 표정을 섬세하게 표현했고, 그네를 타는 여인의 치마는 강렬한 붉은색을 사용해서 사람들의 눈길이 가도록 했어. 그리고 그 뒤편으로는 두 명의 승려가 이들을 몰래 바라보고 있는 흥미로운 모습도 발견할 수 있단다.

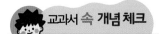

김홍도	• 농촌의 풍경이나 평범한 사람들의 일상을 친근하게 표현함. • 강하고 거친 선을 사용해 생생한 느낌을 표현함. • 주요 작품: 「씨름」, 「서당」, 「논갈이」, 「무동」 등
신윤복	• 남녀 간의 사랑이나 기녀, 양반들의 풍류를 즐기는 모습을 표현함. • 가는 선으로 섬세한 표현을 하고, 붉은색과 같이 강렬한 색을 사용함. • 주요 작품: 「단오풍정」, 「미인도」, 「월하정인」 등

● **김홍도와 신윤복에 대한 이야기를 함께 정리해 봐요.** 정답 191쪽

💡 **인물 탐구** 가로세로낱말 **Quiz**

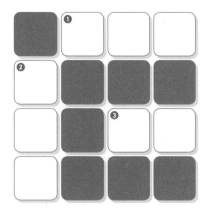

❶ 김홍도와 신윤복은 ㄷ ㅎ ㅅ 의 화원으로 궁 안에서 그림을 그리기도 했어요.

❷ ㅅ ㅇ ㅂ 은 함부로 사용하지 않았던 붉은색을 사용해 작품을 남겼어요.

❸ 김홍도는 뛰어난 그림 실력으로 ㅈ ㅈ 로부터 관직을 하사받기도 했어요.

 인물 한 문장 쓰기

"정해진 답 대신 여러분의 생각을 자유롭게 써 보세요."

● 김홍도와 신윤복의 작품에 나타난 표현 방법의 차이점은 무엇이었을까요?

_____

_____

3. 역사 속 라이벌

함께
찾아 봐요

1. 신라에서 태어난 다음 두 인물이 사람들에게 널리 알리려고 했던 종교는 무엇인지
쓰세요.

(   )

함께
풀어 봐요

2. 다음 인물들의 소개 내용을 읽고, 각각 어느 나라 출신인지 선으로 연결하세요.

나는 용맹한 화랑이오.
나라에 충성하는 마음으로
계백에 맞서 홀로
적진에 뛰어들었소.

나는 대막리지가 되어
나라를 다스렸지. 당 태종의
공격을 두려워하지
않고 맞서 싸웠소.

진흥왕과 함께 한강
유역을 되찾았소. 그런데
진흥왕이 그렇게
배신할 줄은 몰랐다오.

❶

❷

❸

㉠ 고구려

㉡ 백제

㉢ 신라

함께 생각해요

[3~4] 다음은 고려 말 사회를 개혁할 인물을 뽑는 선거를 위한 가상 선거 포스터입니다. 물음에 답하세요.

3. 위 두 후보 중 다음과 같은 공약을 내세웠을 것 같은 인물은 각각 누구인지 쓰세요.

(1) 새로운 나라를 세워서 백성들의 삶이 나아지도록 노력하겠습니다!

(   )

(2) 하루 아침에 고려가 없어진다면 더 혼란스러울 것이기에 고려를 지키면서 개혁을 하겠습니다!

(   )

4. 여러분이 고려의 백성이라면 위 두 후보 중 어떤 인물을 뽑을지 쓰고, 그 까닭은 무엇인지 쓰세요.

4. 역사 속 괴짜들

난 메추리를 이렇게
잘 그려서 이름 대신
'최메추라기'로 불렸다오. 허허.

난 어지러운 세상에
백성을 구하러 온
'미륵불'이라 불러 주시오.

후고구

"우리 역사 속 괴짜들은 어떤 재미있는 이야기를 가지고 있을까요?"

우리 역사 속에는 때로는 정말 사실인지 거짓인지 알 수 없을만큼 신기하고 황당한 행동과 생각으로 사람들을 놀라게 한 이들이 있어요. 괴짜들의 이야기 속에 담긴 풍자와 해학을 함께 찾아봅시다.

난 하늘을 보기 부끄러워 이렇게 삿갓을 쓰고 떠도는 '김삿갓'이라 하오.

스스로 자신의 눈을 찌른 화가

최북

비주얼
씽킹!
참쌤 동영상

- **살았던 때** 조선 시대, 1712년~?
- **했던 일** 조선 후기에 활동한 괴짜 화가
- **키워드** #호생관 #눈 #금강산 #최메추라기

| 어째서 그는 한쪽 눈을 잃게 되었을까?

경북 경주에서 태어난 최북은 스스로 호를 '호생관'이라고 지었어. 그 뜻이 '붓으로 먹고 사는 사람'이라고 알려졌지만 '우리나라의 풍경을 붓으로 살려 내는 사람'이라는 의미가 더 알맞다고 해.

한때 일본 통신사의 수행 화원으로 일본에 다녀오기도 했던 그는 괴팍하고 어디로 튈지 모르는 성격으로 눈에 띄는 행동을 일삼았어. 그리고 한 사건으로 인해 그는 한쪽 눈으로만 그림을 그리는 화가가 되었단다.

최북의 그림 솜씨에 반한 이들은 줄곧 최북에게 그림을 그려 달라 요구했어.

주변의 부탁을 귀찮게 생각했던 최북은 나중에 그려 주겠다며 늘 부탁을 거절했지.

지금은 좀 더 놀고 싶은데~.

그러던 어느날 최북이 그림을 그려 주지 않는 것에 앙심을 품은 이들이 최북을 위협했어.

그러자 자신의 몸에 손댈 수 있는 것은 오로지 자신뿐이라며 최북은 스스로 한쪽 눈을 찔러 다치고 말았어.

한국사 용어 퀴즈

1 ☐ 통신사 ☐ 통역사

조선 시대 임금의 명을 받고 일본을 왕래하였던 사신을 말해.

2 ☐ 정원 ☐ 화원

조선 시대 나라에서 운영하던 도화서에서 그림을 그리던 화가들을 말해. 최북도 한때는 도화서에 속한 화가였다고 해.

📖 1 통신사 2 화원

금강산 절벽에서 몸을 던져 살아남았다는 것이 사실일까?

최북의 괴짜 같은 행동은 그의 그림과 함께 사람들의 입에서 입으로 전해져서 더욱 유명해졌어. 그가 전국을 돌며 평양이나 **동래** 등으로 그림을 팔러 가면 사람들이 그림을 구경하기 위해 모여들었다고 해.

하지만 그림을 사겠다고 부탁한 이가 그림의 값을 제대로 쳐 주지 않으면 최북은 그 자리에서 그림을 찢어 버리는 일이 다반사였고, 술이 없이는 하루도 버티지 못해 그림으로 번 돈은 죄다 술값으로 써 버렸다고 해.

내 몸에 손댈 수 있는 것은 나뿐이라오!

▲ 최북의 초상

술값은 그림으로 계산해!

자존심이 강하고 성격이 괴팍했던 최북의 괴짜 같은 행동은 그를 더욱 유명하게 만들어 주기도 했어.

최북은 어느 날 친구들과 함께 금강산에 놀러 갔어. 금강산의 한 폭포 앞에선 최북은 세상에 이름을 남길만한 인물은 죽는 것 역시 천하의 명산인 금강산에서 죽어야 한다며 사람들이 놀랄만한 일을 벌였어.

천하명산에서 천하명인이 죽었다 전해라~!

금강산

다행인지 불행인지 최북은 나뭇가지에 옷이 걸려 멀쩡히 살아남을 수 있었다고 해.

저승인가??

최북은 술을 잔뜩 마시고 취해 금강산 구룡폭포의 절벽 아래로 뛰어내렸어.

한국사 용어 퀴즈

1 ☐동래   ☐동네
지금의 부산광역시 동래구 지역으로 삼국 시대부터 오늘날과 같은 동래라는 이름으로 불림.

🔑 1 동래

| 메추리를 워낙 잘 그려 '최메추라기'라고도 불렸다고?

최북은 메추리를 얼마나 잘 그렸던지 '최메추라기'라고도 불렸다고 해.

최북은 괴짜였지만 그림 실력은 당대 최고의 화가들과 비교해도 손색이 없었어. 풍경을 그리는 산수, 꽃과 풀, 영모 묘사 등 여러 주제의 그림에 모두 뛰어난 실력을 보였지.

또한 최북의 산수화 작품을 두고 당시 사람들은 조선 최고의 화가 정선과 그를 비교하기도 했단다. 「금강산표훈사도」라는 최북의 그림을 살펴보면 정선의 그림만큼이나 뛰어난 그의 산수화 실력을 알 수 있어.

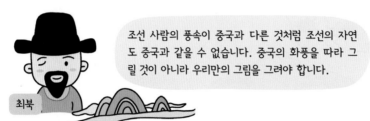

최북

조선 사람의 풍속이 중국과 다른 것처럼 조선의 자연도 중국과 같을 수 없습니다. 중국의 화풍을 따라 그릴 것이 아니라 우리만의 그림을 그려야 합니다.

▲ 「금강산표훈사도」

우리의 강산도 그 나름대로 뛰어난 아름다움을 가지고 있소. 최북 자네의 그림에는 우리 금강산이 아름답게 나타나 있구료.

정선

최북의 기행은 평생 동안 계속되었어. 그리고 최북은 결국 그림을 판 돈으로 술을 마시다가 숨을 거두었단다.

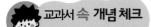

농업과 상업의 발달로 경제적으로 여유가 생긴 서민이 늘어남.	양반들이 주로 즐기는 성리학 바탕의 문화 대신 새로운 문화가 나타남.	중인과 상민 계층도 문화와 예술에 관심을 가지기 시작함.	사회의 부패와 비리를 고발하고, 서민들의 생활 모습을 나타낸 문학과 미술이 발달함.

● **최북에 대한 이야기를 함께 정리해 봐요.** 정답 191쪽

💡 **인물 탐구** O, X Quiz

❷ 그는 메추리를 잘 그려 '최메추라기'라고도 불렸어요.

(O, X)

❶ 최북은 다른 이가 자신을 위협하자 스스로 자신의 한쪽 눈을 찔렀어요.

(O, X)

❶ 최북은 평생 술을 멀리하고 그림을 그렸어요.

(O, X)

🖊 **인물 한 문장 쓰기**

" 정해진 답 대신 여러분의 생각을 자유롭게 써 보세요."

● 최북이 금강산 절벽에서 뛰어내렸던 까닭은 무엇이었나요?

_____

_____

_____

백성을 보살피는 관리의 대명사
박문수

비주얼 씽킹 | 참쌤 동영상

- **살았던 때** 조선 시대, 1691년~1756년
- **했던 일** 조선 영조 때 어사로 파견되어 백성들의 삶을 보살폈음.
- **키워드** #암행어사 #영조 #박문수전

꿈속에서 미리 과거 시험 문제를 보았다고?

박문수는 어려서 부모님이 돌림병에 걸려 돌아가시고, 삼촌 댁에서 줄곧 자랐어. 어린 시절 공부와는 담을 쌓고 살았던 박문수는 뒤늦게 뜻을 세우고 글공부를 시작하였어.

그리고 경종 3년에 과거 시험을 보기 위해 길을 떠났지. 과거 시험을 보러 길을 가던 어느 날이었어. 날이 저물자 박문수는 산골 주막에서 하루 밤을 묵기로 했고, 피곤한 몸을 뉜 박문수는 금새 잠이 들었는데 신기한 일이 벌어졌어.

초립을 쓴 남자가 꿈에 나타나 박문수에게 이미 과거 시험이 끝났다고 말하였어. 박문수는 보지도 않은 시험이 왜 끝났냐며 깜짝 놀랐지.

다음날 과거 시험장에서 받은 시험 주제는 꿈속의 남자가 보여 준 장원 급제 답안지와 같았어.

마음을 가다듬고 한 번에 답안을 써 내려간 박문수는 과거에 합격하여 벼슬을 얻을 수 있었어.

한국사 용어 퀴즈

1 ☐초립 ☐체리

갓 성년식을 치른 어린 남자가 쓰던 갓으로, 누런 빛깔이 나는 풀이나 말총으로 만들었어.

2 ☐장원 급제
☐장원 낙방

과거 시험에서 높은 점수를 받아 갑과 중에서 1위로 합격하는 것을 말해. 보통 과거의 문과 시험은 33명을 선발하는 복시 시험을 본 뒤 왕 앞에서 전시를 보고, 1등~33등까지 순위를 정하였어.

정답 1 초립 2 장원 급제

박문수는 영조가 누구보다 아꼈던 신하였다고?

당시 조선 조정은 당파 싸움으로 혼란을 겪고 있었어. 그리고 새롭게 즉위한 영조는 탕평책을 쓰고 박문수와 같이 올바른 성품을 가진 관리를 등용하며 왕권을 강화하기 위해 많은 노력을 했지. 박문수는 예문관검열이라는 관직을 시작으로 한때는 영남 지방의 어사로 활약하며 관리들의 부정을 밝혀내는 일을 하였어. 두루 여러 관직을 거친 박문수는 **도승지**와 같은 높은 자리에 올라 조정에서 영조와 마주하며 나랏일에 대한 자신의 생각을 말할 기회도 많아졌지.

▲ 박문수의 영정

평소 박문수는 권력에 굴하지 않는 당당한 성품 탓에 영조의 심기를 불편하게 하는 말을 곧잘 하였어. 그런데도 영조는 불편해 하지 않고 박문수를 무척이나 아꼈지. 왜냐하면 박문수는 아첨하지 않고 곁에서 나라를 위한 바른말을 하니 임금인 자신을 되돌아보고 반성할 수 있다고 생각했거든.

경상도 **관찰사**로 간 박문수는 지방 권력층이 불법으로 소유한 땅을 찾아내 국가의 재정에 큰 도움을 주었어.

박문수는 다른 신하들과 다르게 영조의 앞에서 거리낌 없이 자신의 의견을 말하였고, 영조는 박문수의 바른말에 기분 나빠하지 않았어.

영조의 높은 신임을 받은 박문수를 시기하고, 박문수를 곤란에 빠뜨리려는 자들도 많았어. 박문수는 영조를 폐위시키려는 일을 꾸몄다는 죄로 누명을 쓰게 되었지. 영조의 믿음 덕에 오해는 풀렸지만 박문수는 자신은 죄인이라며 관직에서 물러나 이후 집에 머물다 병으로 숨을 거두었단다.

한국사 용어 퀴즈

1 ☐도승지 ☐도화지
조선 시대 승정원의 가장 높은 자리의 벼슬이었어. 왕의 명령을 전달하거나 신하들이 왕에게 올리는 글을 전하는 일을 맡아보던 관직이야.

2 ☐관찰사 ☐감찰사
조선 시대에 각 도의 행정 구역을 맡아 다스리던 관직이야. 박문수는 경상도 관찰사, 함경도 관찰사 등을 맡아 지역을 다스렸어.

정답 1 도승지 2 관찰사

| 백성들의 삶을 보살피고 어려움을 못 본 척하지 않았던 박문수

우리가 **암행어사**로 익히 알고 있는 박문수에 대한 실제 이야기가 1년 정도의 짧은 역사 기록으로 남아 있어. 박문수는 어사로 활동하는 동안 흉년으로 굶주린 지역의 백성들에게 곡식을 나눠주고, 백성을 괴롭히던 관리들의 부정을 바로잡는 등 훌륭한 업적을 남겼다고 해.

어사와 달리 암행어사는 비밀리에 왕의 어명을 수행하는 신하로, 이후에 여러 이야기를 더해 암행어사 박문수를 주인공으로 한 다양한 「박문수전」이 만들어졌어.

암행어사 박문수가 한 고을의 장터에 갔을 때였어. 한 소녀가 한참이나 생선 가게에서 이 생선, 저 생선을 손으로 만지며 살펴보는 것이 아니겠어.

소녀의 행동이 궁금했던 박문수는 몰래 소녀를 따라가 부엌을 살펴봤어. 그랬더니 소녀가 생선을 만진 냄새나는 손으로 밥을 지어 부모님께 올리는 거야.

궁금함을 참지 못한 박문수가 소녀에게 물었어.
"왜 비린내 나는 밥을 지어 올리는 것인가?"
소녀가 말하길
"반찬을 살 돈이 없어 부모님께 생선 냄새라도 맡게 해드리려 합니다."
지극한 효심이로다!

소녀의 효심에 감동한 박문수는 이를 임금에게 고하였고, 임금은 효심이 깊은 소녀에게 큰 상을 내리고 그 마을에 효녀비를 세워 주었다고 해.

위 이야기처럼 「박문수전」에는 주인공 박문수가 어려운 상황의 백성들을 돕거나 억울함을 풀어 주는 이야기뿐만 아니라 나랏일을 살피는 관리들에게 백성들을 위해 어떤 정치를 해야 하는지 가르침을 주는 이야기들도 전해 오고 있어.

▲ 「박문수전」 등 다양한 이야기가 수록된 옛 서적

한국사 용어 퀴즈

1 ☐ 암행어사 ☐ 입학 원서
조선 시대에 왕의 어명을 받아 지방으로 파견되어 비밀리에 임무를 수행하던 사신이야. 이들은 겉으로 신분을 드러내지 않기 위해 복장을 꾸미거나 거짓으로 하는 일을 꾸미기도 했어.

🔑 1 암행어사

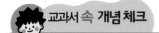 교과서 속 개념 체크 **박문수를 아꼈던 영조의 개혁 정치**

탕평책	• 임금의 정치가 어느 한쪽에 치우지지 않도록 하고 공정하게 정책을 실시하도록 노력함. • 서원의 수를 줄여 붕당 간의 갈등을 없애고 왕권을 강화시킴.
균역법 실시	군대의 의무를 대신하기 위해 내던 군포의 수를 줄여 백성들의 생활을 안정시키고자 노력함.
신문고 제도 실시	억울한 일을 겪은 백성들이 문제를 해결할 수 있도록 신문고 제도를 부활시킴.

● **박문수에 대한 이야기를 함께 정리해 봐요.** 정답 191쪽

💡 **인물 탐구** 가로세로낱말 **Quiz**

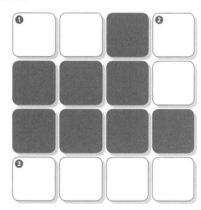

❶ 박문수는 꿈속에서 미리 시험 문제를 보고 ㄱㄱ 시험에 합격했다는 이야기가 전해져요.

❷ ㅇㅈ 임금은 곁에서 바른말을 하는 박문수를 무척이나 아꼈어요.

❸ ㅇㅎㅇㅅ 박문수를 주인공으로 한 많은 이야기가 전해 오고 있어요.

✒ **인물 한 문장 쓰기**

"정해진 답 대신 여러분의 생각을 자유롭게 써 보세요."

● 암행어사 박문수 이야기의 공통점은 무엇일까요?

_____

_____

_____

자신의 꿈을 담은 이야기꾼
허균

비주얼 씽킹
참쌤 동영상

● **살았던 때** 조선 시대, 1569년~1618년
● **했던 일** 조선 중기에 『홍길동전』을 지은 소설가
● **키워드** #홍길동전 #소설가 #정치인 #광해군

| 꽉 막힌 시대에 열린 생각을 갖고 있었던 양반, 허균

허균은 5세 때 글을 배우기 시작하여 9세가 되어서는 직접 시를 짓기도 했다고 해. 허균의 집안은 허균뿐만 아니라 형과 누이가 모두 예술에 뛰어난 재능이 있었어.

당시 조선은 오랫동안 **성리학**의 질서에 따라 나라와 사회가 운영되었어. 그러나 양반 출신임에도 허균은 다양한 학문은 물론 불교와 중국에서 건너 온 가톨릭교 등 여러 종교에 관심을 가졌고, 뛰어난 글솜씨를 바탕으로 남들과는 다른 재미있는 이야기를 지어내기를 즐겼어.

한국사 용어 퀴즈

1 ☐ 성리학　☐ 심리학
중국의 주희라는 학자가 창시한 학문으로 공자의 가르침을 따르는 유교를 바탕으로 해.

2 ☐ 광해군일기
☐ 연산군일기
조선의 15대 임금인 광해군의 재위 기간 동안의 국가 운영을 기록한 조선왕조실록의 일부야.

📖 1 성리학　2 광해군일기

허균은 실제 사회의 문제를 해결하지 못했던 성리학과 사회 제도를 멀리하고 대신 다양한 학문과 종교를 즐기며 자유로운 생각을 가지게 되었어.

한때 허균은 불교에 깊이 빠져들어 관리로서의 자세가 바르지 않다는 이유로 파면을 당하고 쫓겨나기도 했지만 삶의 즐거움을 알게 되었다며 크게 낙담하지 않았어.

광해군 일기에는 "허균이 거짓된 글짓기를 좋아하여 미래를 예언하거나 도교, 불교 등을 다룬 이야기를 자주 지었다."라고 기록되어 있어.

한번 펼치면 덮을 수 없는 소설, 『홍길동전』

『홍길동전』은 허균이 지은 소설로 알려져 있어. 오랫동안 조선 사회는 엄격한 신분 제도와 현실을 제대로 반영하지 못하는 성리학의 질서 탓에 실력이 있어도 자신의 꿈을 펼치지 못하고 포기해야 하는 이들이 많았단다.

허균은 이러한 사회 모습에 불만을 가지고 자신이 꿈꾸는 세상을 마음껏 표현한 소설을 지었어.

홍길동은 서얼 출신으로 태어나 어려서부터 여러 가지 차별을 받았어. 자신의 아버지를 아버지라 부르지도 못했지.

홍길동은 활빈당을 조직하여 부패한 탐관오리를 혼내 주고, 이들의 재물을 빼앗아 다시 백성들에게 나눠주었단다.

나라를 어지럽힌다며 임금이 홍길동을 잡아오라 명령하자 일부러 홍길동은 한양으로 잡혀 올라오는 길에 요술을 부리고 순식간에 사라졌어.

홍길동은 자신이 꿈꾸는 새로운 세상을 만들고자 먼 길을 떠났고, 바다 건너 율도국에 도착하여 이곳의 왕이 되었다고 해.

소설 속에서 양반과 첩 사이에서 태어난 서얼 신분의 홍길동은 출신 때문에 제대로 뜻을 펴지 못하고 괴로워했어. 세상을 등졌던 홍길동은 활빈당을 꾸려 부패한 탐관오리를 혼내 주고, 재물을 백성들에게 나눠 주는 의적으로 활동하다가 새로운 세상을 꿈꾸며 바다 건너 율도국의 왕이 된단다.

허균은 홍길동이라는 인물을 주인공으로 신분 차별과 사회 제도의 벽에도 굴하지 않고 자신의 뜻대로 세상을 바꾸어 나갈 수 있다는 생각을 담아 이야기를 지었어.

한국사 용어 퀴즈

1 ☐ 서얼　　☐ 서울

양반과 첩 사이에 태어난 자식을 말해. 조선 시대에는 서얼에 대한 신분 차별이 심해서 문과 시험에 응시하기 어려웠고, 아버지가 죽은 뒤 재산을 물려받지 못했어.

2 ☐ 포도당　　☐ 활빈당

『홍길동전』에서 탐관오리들을 혼내 주고 이들의 재물을 빼앗아 가난한 이들을 도와주던 도적단을 말해.

정답 1 서얼　2 활빈당

처세에는 능하지 못했던 허균은 어쩌다 목숨을 잃게 되었을까?

허균은 평소 신분과 관계 없이 자유롭게 여러 사람들을 만나 교류를 하였어. 이러한 탓에 여러 번 사건에 휘말려 관직을 빼앗기고 죄를 물어 형벌을 당할 위기를 겪기도 했단다.

광해군 즉위 시절 궁 안에서는 무시무시한 **국문**이 열리고 있었어.

한 남자는 죄인으로 의자에 묶여 정신을 잃고 있었단다. 그는 바로 허균이었어.

한 해 전에 누군가가 허균이 광해군을 끌어내리고 영창 대군을 왕의 자리에 올리려 한다는 상소를 올렸고, 허균은 졸지에 큰 죄를 지어 궁지에 몰렸어. 허균은 무고함을 주장하며 겨우 위기를 벗어나는 듯했지만 큰 사건이 발생했단다.

누군가 **역모**의 내용이 담긴 글을 남대문 큰 거리에 붙이고 달아났어.

글을 붙인 주동자를 잡고 보았더니 허균의 밑에서 일을 하던 현응민이라는 자였단다.

그 바람에 허균은 광해군을 끌어내리려 했다는 역모 죄로 궁으로 끌려가게 되었어.

갖은 고문을 당하던 허균은 제대로 변명도 하지 못하고 끝내 숨을 거두었단다.

한국사 용어 퀴즈

1 ☐ 국물 ☐ 국문
옛날에 나라에서 큰 죄를 지은 이에게 죄를 묻던 일을 말해. 국문을 하려면 임금의 허락이 필요했는데 국문 중에는 여러 가지 방법으로 죄인에게 폭력을 쓰기도 했어.

2 ☐ 역모 ☐ 율무
왕과 같은 한 나라의 지도자의 자리를 빼앗으려는 일을 꾸미는 것을 말해. 조선 시대에는 수많은 세력들이 역모를 꾀하여 임금의 자리를 노렸어. 늘 임금은 자신의 안전과 왕위를 걱정해야 했을 거야.

👉 1 국문 2 역모

역적으로 몰린 허균은 세상을 떠난 뒤에도 묘도 제대로 만들지 못할 정도로 탄압을 받았어. 그가 남긴 작품인 『홍길동전』도 오랜 기간 지은이가 밝혀지지 않았다가 이후 허균이라는 기록이 밝혀져 세상에 알려졌지. 양반으로 태어났음에도 불구하고 뛰어난 문장으로 당시 사회 제도를 비판하고 풍자했던 그의 작품은 오늘날까지 많은 사람들에게 즐거움과 감동을 주고 있단다.

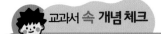 교과서 속 **개념 체크** **허균의 누이 허난설헌**

일생	• 『홍길동전』을 지은 허균의 누이로 원래 이름은 '소희'이며 남자 형제들과 똑같이 교육을 받고 자람. • 어려서부터 글재주가 뛰어났으나 여성이라는 이유로 재능을 높게 평가 받지 못하고, 15세 나이에 혼인을 하였으나 불행이 이어지며 건강을 잃고 27세의 나이에 생을 마감함.
『난설헌집』	허균은 허난설헌의 시를 모아 책으로 펴냄. → 조선에서 인정받지 못한 허난설헌의 시는 중국과 일본에서 높은 평가를 받았음.

● **허균에 대한 이야기를 함께 정리해 봐요.** 정답 191쪽

💡 **인물 탐구** 사다리 **Quiz**

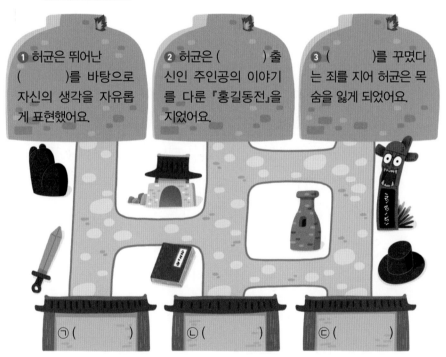

① 허균은 뛰어난 ( )를 바탕으로 자신의 생각을 자유롭게 표현했어요.

② 허균은 ( ) 출신인 주인공의 이야기를 다룬 『홍길동전』을 지었어요.

③ ( )를 꾸몄다는 죄를 지어 허균은 목숨을 잃게 되었어요.

㉠ ( )   ㉡ ( )   ㉢ ( )

🖋 **인물 한 문장 쓰기**

" 정해진 답 대신 여러분의 생각을 자유롭게 써 보세요."

● 허균이 『홍길동전』을 통해 사회에 말하려던 것은 무엇일까요?

삿갓을 쓴 방랑 시인
김삿갓

비주얼
씽킹
참쌤 동영상

- **살았던 때** 조선 시대, 1807년~1863년
- **했던 일** 해학과 풍자로 세상을 이야기한 방랑 시인
- **키워드** #과거 시험 #홍경래의 난 #삿갓

| 김삿갓은 이야기 속 주인공이 아닌 실제 인물이라고?

　삿갓을 쓰고 얼굴을 가린 채 긴 도포를 입은 김삿갓의 모습은 마치 이야기 속에서 튀어나온 인물 같아. '삿갓'은 갈대나 대나무 살을 엮어서 붙여 만든 모자로 옛날 사람들이 햇볕을 가리거나 비를 막기 위해 쓰곤 했어. '김병연설화'란 제목으로 시를 지어 위기에 빠진 백성을 구하는 이야기의 주인공인 김삿갓은 조선 시대에 실제로 존재했던 인물이란다.

　1807년 몰락한 양반 가문에서 태어난 김삿갓의 본명은 김병연이야. 김삿갓은 글 공부에 전념하고 과거에 합격하여 집안을 다시 일으키고자 했어.

　스무 살이던 해 드디어 김삿갓은 지역에서 열리는 과거 시험에 도전을 했어. 평소 글짓기에 자신이 있었던 김삿갓은 시험 주제에 맞춰 한 번의 망설임 없이 글을 써 내려갔단다. 과연 결과는 어떠했을까?

한국사 용어 퀴즈

1 ☐ 포도 　☐ 도포

조선 시대에 선비나 양반들이 주로 입던 긴 겉옷이야. 김삿갓은 늘 삿갓을 쓰고, 흰 도포를 입은 모습으로 전국을 떠돌았다고 해.

🔖 1 도포

어머니 장원 급제 했습니다!

아... 안돼... 실은 너의 할아버지께서...

과거에 합격한 김삿갓은 집으로 달려가 이 소식을 어머니께 알렸어.

그러자 어머니는 과거 시험의 주제와 관련해 집안의 이야기를 들려주었지.

...네?!

충격적인 이야기를 듣게 된 김삿갓은 자신은 큰 죄를 지었다며 벼슬을 포기하고 길을 떠나게 되었단다.

| 김병연이 삿갓을 쓰게 된 계기는 무엇이었을까?

김삿갓의 어머니는 과거 시험을 본 김삿갓에게 집안의 이야기를 들려주었어.

김삿갓의 할아버지는 조선 시대 선천군이라는 지역을 맡아 다스렸던 지방 관리 김익순이야. 그런데 1811년 평안도에서 몰락한 양반 출신 홍경래가 지역을 차별하고 농민들이 소외되고 있다며 사람들을 모아 큰 난을 일으켰어.

홍경래의 난이 일어나고 당시 김익순의 고을에도 난을 일으킨 자들이 나타나 관청을 습격하였어.

난을 일으킨 농민들에게 잡힌 김익순은 그만 목숨을 살려달라며 이들에게 항복을 하고 말았어.

역적들에게 항복을 하였다는 죄로 김익순은 목숨을 잃고, 김익순의 후손들은 양반 신분을 빼앗겨 숨어 지내게 되었어.

김삿갓의 집안은 한 순간에 임금의 명령을 어긴 **역적**이 되었어. 김삿갓의 아버지는 아들을 먼 시골로 보내 조용히 숨어 살게 할 수밖에 없었단다. 다행히 김삿갓이 여덟 살이 되던 해 할아버지의 죄를 **사면** 받아 김삿갓도 과거 시험을 볼 수 있게 되었어. 그리고 열심히 글 공부를 하였던 김삿갓은 스무살 되던 해에 과거 시험에 도전했던 것이야.

기쁜 마음에 본 과거 시험의 주제는 공교롭게도 '역적 김익순의 죄를 한탄하라'라는 내용이었어. 김삿갓은 자신의 할아버지에 대한 주제인 줄은 꿈에도 모른 채 거침없이 김익순의 행동을 비판하는 내용의 글을 지었단다.

역적 김익순의 죄를 한탄하라.

명답이로구나!

김삿갓

~임금의 은혜를 저버렸으니 김익순은 죽어서도 저승에 제대로 못갈 것이다~

| 김삿갓은 전국을 돌며 어떤 일을 했을까?

운명의 장난처럼 자신의 할아버지를 비판하는 글을 적어 과거 시험에 합격한 김삿갓은 이 사실을 알고 너무나 큰 충격을 받았어.

그때부터 김삿갓은 벼슬길을 포기하고 자신은 부끄러워 감히 하늘을 볼 수 없는 죄인이라며 삿갓을 쓰고 하늘을 가린 채 전국을 **방랑**하기 시작했어.

조상을 욕보인 죄가 커 더 이상 하늘을 볼 수 없구나. 이 삿갓을 절대 벗지 않으리.

아, 이제 하늘을 바라볼 수도 없구나.

내 이름도 버렸다오. 나는 삿갓을 쓰고 다니니, '삿갓 립(笠)'자를 써서 김립이라 합니다.

김삿갓은 '나와 삿갓'이라는 시를 지어 정한 곳이 없이 떠도는 자신의 모습을 표현했다고 해.

내 삿갓은 정처 없는 빈 배	목동이 걸치고 송아지 몰며	취하면 걸어 두고 꽃 구경	속인들의 의관은 겉치레, 체면치레
한 번 쓰고 보니 평생 함께 떠도네	어부는 그저 갈매기와 노닐지만	흥이 나면 벗어 들고 달 구경	비가 오나 바람 부나 내사 아무 걱정 없네

그렇게 김삿갓은 벼슬과 가족을 포기하고 스무 살을 넘긴 나이에 긴 방랑을 시작했어. 세상을 떠날 때까지 조선의 방방곡곡을 누볐고, 한 동안은 어느 고을에 머물며 훈장이 되어 아이들을 가르치고 먹고 자는 것을 해결했다고 해.

그는 눈에 담은 아름다운 자연의 모습을 시와 노래로 풀어 내는 능력이 뛰어났다고 해. 그리고 한편으로는 전국을 돌아다니며 권력을 탐하는 관리들의 행동을 풍자하고 당시 사회의 부조리를 비판하는 맛깔스러운 시를 지어 듣는 사람들의 속을 시원하게 만들어 주었어.

한국사 용어 퀴즈

1 ☐ 방랑   ☐ 방황
정한 곳 없이 이리저리 떠돌아다니는 것을 뜻해. 얼마나 조상님께 죄송했으면 벼슬길을 포기하고 떠돌아다녔을까?

2 ☐ 풍력   ☐ 풍자
현실의 부정적인 현상을 다른 것에 빗대어 비웃으며 쓰는 것을 뜻해. 김삿갓은 백성의 삶을 힘들게 만든 탐관오리와 거만한 부자들을 웃음거리로 만드는 시를 써서 백성들에게 인기가 많았어.

정답 1 방랑 2 풍자

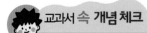 교과서 속 개념 체크 **김익순이 항복했던 '홍경래의 난'**

| 세도 정치 시기 세금 수탈과 흉년이 계속되며 백성들의 생활이 어려워짐. | → | 평안도 지역에 대한 차별이 심해지자 평안도 지역 백성들 사이에 불만이 커짐. | → | 홍경래를 중심으로 평안도 지역의 농민과 여러 계층이 힘을 합쳐 봉기함. | → | 관군이 반란군을 진압하였고 홍경래는 전투 중 사망함. |

● **김삿갓에 대한 이야기를 함께 정리해 봐요.** 정답 191쪽

💡 **인물 탐구** O, X Quiz

❶ 방랑 시인 김삿갓의 본명은 김익순이에요.
(O, X)

❷ 김삿갓은 자신의 할아버지를 비판하는 글을 써 과거 시험에 합격하였어요.
(O, X)

❸ 벼슬길을 포기한 김삿갓은 전국을 떠돌며 시를 지었어요.
(O, X)

🖋 **인물 한 문장 쓰기**

" 정해진 답 대신 여러분의 생각을 자유롭게 써 보세요."

● 자신의 할아버지를 비판하는 시를 써서 과거 시험에 합격을 한 것을 알게 된 김삿갓의 마음은 어땠을까요?

_____

_____

후고구려를 건국한 괴짜 미륵불
궁예

비주얼 씽킹
참쌤 동영상

- **살았던 때** 후삼국 시대, ?년~918년
- **했던 일** 후삼국 시대에 후고구려를 건국한 왕
- **키워드** #후고구려(태봉) #미륵불 #관심법 #왕건

| 궁예가 신라의 귀족 출신이었다고?

『삼국사기』에 따르면 궁예는 신라의 진골 집안에서 태어났다고 해.

글쎄 궁예가 태어나는 날 집 위로 흰 빛이 크게 비추고, 한 남자가 '아이가 불길한 기운을 가지고 태어나 장차 나라에 이롭지 못할 듯하니 기르지 않는 것이 좋겠다.'는 예언을 했어. 그리고 어린 궁예는 귀한 신분이었지만 태어나자마자 죽을 운명에 처했지.

유모가 이를 불쌍하게 여기고 사람들이 높은 담벼락에서 던져 죽이려는 궁예를 몰래 아래에서 받으려 했어. 하지만 실수로 유모가 궁예를 받으려다 궁예의 눈을 찌르고 말았어. 결국 궁예는 한쪽 눈을 잃게 되었다고 해.

궁예를 키운 유모는 어느 날 궁예에게 출생에 대한 비밀을 전하였어.

궁예야, 사실 너는 신라의 진골로 태어났고 나는 너의 어머니가 아니라 유모란다. 하찮은 일을 하며 세월을 낭비하지 말거라.

불길한 아이야!!

어머니, 저는 이제 뜻을 정하였습니다. 승려가 되어 저의 몸과 마음을 수련하겠습니다.

한국사 용어 퀴즈

1 ☐ 진골   ☐ 사골
신라의 신분 제도인 골품제에서 성골 다음으로 높은 신분이야. 성골과 마찬가지로 왕족이지만 부모 중 한쪽이라도 성골이 아닌 왕족을 의미해.

📖 1 진골

그렇게 궁예는 강원도 영월의 세달사라는 이름의 절로 들어가 승려가 되었어.

혼란한 세상 속에서 새로운 나라를 세운 궁예

궁예가 살던 통일 신라 말은 나라가 매우 혼란스러웠어. 신하들끼리 패를 갈라 싸우고, 지방에서는 수많은 세력이 반란을 일으키고 날마다 도적이 들끓고 있었지.

궁예는 절에서 수련을 하며 혼란한 세상 속에서 자신도 어쩌면 세력을 키워 왕이 될 수 있을 것이라는 꿈을 키웠어.

왕이 되기 전에 나라가 먼저 망하겠구나.

궁예는 891년 진성여왕 시절 무렵 절을 떠나 강원도 지역에서 세력을 가진 양길의 부하가 되어 새로운 삶을 시작했어. 궁예는 자신이 지휘하는 병사들과 함께 고생하며 그들을 늘 공평하게 대하려 노력했고, 이 덕분에 주변 사람들의 신임을 얻어 조금씩 세력을 키울 수 있었어. 여러 차례 벌어진 전투에서 승리를 거둔 궁예는 남쪽에서 견훤이 **후백제**를 세웠다는 소식을 듣게 되었어.

그제야 궁예는 자신에게도 때가 찾아왔다고 생각했단다.

이제 새로운 삼국 시대가 열렸다. 이번에는 후고구려가 삼국을 통일할 거야!

궁예는 왕건과 함께 군사를 모아 세력을 키우고 자신이 따르던 양길을 꺾으며, 새로운 나라를 세우고자 했어.

901년 궁예는 도읍을 송악으로 정하고 고구려를 계승한다는 의미를 담아 후고구려를 세웠어.

후고구려

후백제

신라

궁예

견훤

경순왕

왕건

양길

후삼국시대

| **다른 사람의 마음을 꿰뚫어 볼 수 있는 능력을 가졌다고?**

▲ 후삼국의 성립

궁예는 불교의 깨달음을 바탕으로 모두 행복하게 살 수 있는 세상을 만든다는 뜻을 정하고 나라를 세웠어. 당시 사회의 혼란으로 삶이 고달팠던 백성들은 이런 궁예를 좋아하고 따랐단다.

이후 궁예는 송악을 떠나 도읍을 철원으로 옮기고 나라의 이름도 '마진'으로 바꾸었어.

궁예는 처음 세웠던 목표와 달리 시간이 흐를수록 다른 사람으로 변해 갔어. 궁예는 스스로를 어지러운 세상과 백성을 구하러 온 부처인 미륵불이라고 불렀는데 거기에 더해 자신은 사람들의 마음속 생각을 쉽게 꿰뚫어 볼 수 있다고 주장했어.

> 궁예는 주변 사람들을 의심하며 마음에 들지 않는 사람들을 벌을 주거나 죽이기도 했어.

> 나는 미륵이야, 관심법으로 모두 볼 수 있어!

> 그러다 결국 바른 소리를 하는 신하와 승려, 심지어 자신의 부인과 자식을 죽이는 일까지 벌어지고 말았어.

신하   승려   왕비

결국 918년에 더 이상 궁예의 잘못된 행동을 참지 못한 이들이 궁예를 왕의 자리에서 내쫓고, 당시 후고구려의 시중 자리에 있던 왕건을 새로운 왕으로 추대했어.

> 왕건은 이후 나라의 이름을 고려로 바꾸고 후백제와 신라를 정복하여 통일을 이루었어.

> 나의 앞날은 보지 못하였구나!

> 궁 밖으로 쫓겨난 궁예는 어느 고을에서 배가 고파서 벼 이삭을 훔쳐 먹다가 이를 보고 화가 난 농민들에게 맞아 목숨을 잃었다고 전해져.

한국사 용어 퀴즈

1 ☐ 미륵불   ☐ 마림바

불교에서 세상이 너무 어지러워 고통에 빠졌을 때 사람들의 간절한 부름을 듣고 세상으로 내려온다는 부처를 의미해.

🔑 1 미륵불

![교과서 속 개념 체크] **후삼국 시대**

후고구려	양길 세력에서 활동하던 궁예가 901년에 송악(개성)을 도읍으로 정하고 후고구려를 세움.
후백제	지방 호족 출신의 견훤이 900년에 완산주(전주)에 도읍을 정하고 후백제를 세움.
신라	도읍인 금성(경주) 일대에만 세력이 그칠 정도로 크게 약해짐.

↓

고려	궁예를 쫓아내고 왕이 된 왕건은 후백제와 신라를 정복하고 통일을 이룩함.

● 궁예에 대한 이야기를 함께 정리해 봐요. 정답 191쪽

🔆 인물 탐구 가로세로낱말 Quiz

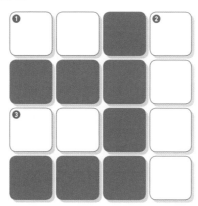

❶ 궁예는 원래 신라의 ㄱ ㅈ 인 진골 출신으로 태어났다고 해요.

❷ 궁예는 송악을 도읍으로 정하고 ㅎ ㄱ ㄱ ㄹ 를 세웠어요.

❸ 미륵불을 자처하며 난폭한 정치를 일삼던 궁예는 왕의 자리에서 쫓겨났고 ㅇ ㄱ 이
새로운 왕이 되었어요.

✒️ 인물 한 문장 쓰기

" 정해진 답 대신 여러분의 생각을 자유롭게 써 보세요."

● 궁예의 난폭한 정치를 막지 않았다면 후고구려는 어떻게
되었을까요?

_____
_____

서경에서 새로운 고려를 꿈꾼 승려

묘청

비주얼 씽킹!
참쌤 동영상

- **살았던 때** 고려 시대, ?년~1135년
- **했던 일** 고려의 도읍을 서경으로 옮기자고 주장했던 승려
- **키워드** #서경 #풍수지리 #인종 #금 정벌

| 묘청은 어떻게 인종의 사랑을 받게 되었을까?

묘청은 지금의 평양인 서경에서 태어났다는 것 외에는 부모님이 누구인지, 출가한 절은 어디인지 전혀 알려지지 않은 정체불명의 승려야. 그런 묘청이 어떻게 고려 왕실에 혜성같이 등장하게 된 것일까?

인종이 즉위한 당시 고려 사회는 호족 출신인 **문벌 귀족**이 권력을 독차지하여 자신들의 재산과 토지를 늘리고 사치를 부리는 데 열중하고 있었어.

이러한 때에 개경에 나타난 묘청은 주변 사람들을 현혹시키며 왕실에 진출했고, 인종에게 의견을 올리는 높은 자리까지 오르게 되었단다.

한국사 용어 퀴즈

1 ☐ 문벌 귀족 ☐ 말벌 귀족
지방 호족 출신들이 고려에서 높은 자리의 관직을 차지하며 권력을 잡은 귀족들을 말해. 이들은 재산을 늘리고 권력을 누리는 데 집중해 왕권을 약화시키기도 했어.

답 1 문벌 귀족

김부식 등 개경을 중심으로 한 문벌 귀족들은 왕보다 높은 권력을 누리며 자신들의 이익만 챙기기 바빴어.

이자겸의 난으로 왕권이 땅에 떨어진 상황에서 인종은 자신을 도와줄 새로운 세력이 필요했단다.

개경 귀족

전하, 개경의 운이 다하고 있사옵니다. 새로운 도읍이 필요합니다.

집값 떨어지는 소리하고 있네!

묘청

인종

김부식

이때 나타난 이가 묘청이었어. 묘청은 개경은 운이 다하고 이제 서경의 시대가 온다고 하며 도읍을 옮겨야 한다고 주장했어.

고려가 하루 빨리 중국의 금을 정벌해야 한다고?

기존 개경 세력들은 묘청의 주장이 터무니없다고 하였지만 인종은 묘청과 서경 세력을 등용하며 자신의 편으로 끌어들였어.

묘청은 풍수지리를 잘 알고, 음양비술을 쓰는 승려로 유명했어.

묘청이 주장하던 서경 천도설의 근거는 무엇이었을까?

"여러분, 오늘날 고려가 어려운 까닭은 그동안 도읍으로 삼았던 개경의 운이 다하여 나라에 힘을 보태지 못하고 있기 때문입니다. 따라서 나라를 다시 일으키고 주변 국가의 침략을 받지 않기 위해서는 반드시 서경으로 도읍을 옮겨야 합니다."

때마침 왕권이 약해지고 기댈 곳이 없었던 인종은 미래를 내다본다는 예언에 깊게 빠져 있었기 때문에, 어찌 보면 근거 없어 보이는 묘청의 주장을 쉽게 믿었던 거야.

묘청은 더 나아가 당시 개경의 문벌 귀족들이 사대 관계를 맺고 친하게 지내던 중국의 금을 정벌해야 한다는 주장을 펼치기 시작했어.

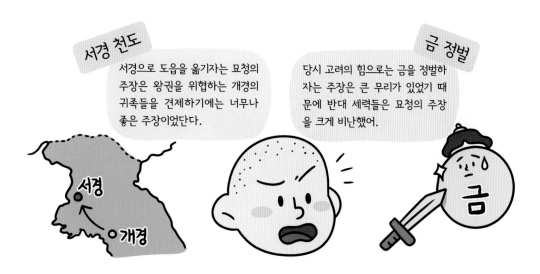

서경 천도
서경으로 도읍을 옮기자는 묘청의 주장은 왕권을 위협하는 개경의 귀족들을 견제하기에는 너무나 좋은 주장이었단다.

금 정벌
당시 고려의 힘으로는 금을 정벌하자는 주장은 큰 무리가 있었기 때문에 반대 세력들은 묘청의 주장을 크게 비난했어.

인종의 지원을 받은 묘청에 맞서 김부식 등 개경의 문벌 귀족 세력들은 터무니없는 주장이라며 서경 천도와 금 정벌 등 묘청의 주장을 크게 반대했지.

한국사 용어 퀴즈

1 □천도   □황도
한 나라의 도읍을 옮기는 일을 말해.

2 □풍수지리 □한국지리
산과 땅의 모양, 물이 흐르는 모양 등을 보고 사람의 좋은 일과 나쁜 일을 연결해서 설명하는 것을 의미해. 묘청은 서경이 더 좋은 땅이니 그곳으로 수도를 옮기면 나라가 발전할 것이라고 주장했어.

1 천도 2 풍수지리

│ 하늘이 도와주지 않자 스스로 난을 일으킨 묘청

묘청은 여러 번이나 인종을 설득하였고, 한때 인종도 서경을 들러 도읍으로 삼을 만한지를 살폈어. 묘청은 이러한 노력 끝에 서경에 왕의 별궁인 '대화궁'을 완공하기까지 했단다. 하루는 인종이 묘청과 함께 채비를 갖추고 서경으로 행차하였어.

왕은 여러 신하와 내관들을 데리고 서경으로 행차했어. 그러나 갑자기 날씨가 흐려지기 시작하더니 폭풍우가 불어 그만 일행들은 길을 잃고 몹시 고생을 하였지.

인종이 묘청과 함께한 서경 행차에서 큰 고생을 했다는 소식을 들은 김부식과 개경의 문벌 귀족들은 불길한 징조라며 서경 천도를 막았어. 결국 인종도 개경 귀족들의 계속된 반대에 서경으로 도읍을 옮기는 것을 포기하였지. 하지만 묘청은 포기하지 않았단다.

묘청은 서경으로 도읍을 옮기는 일이 실패하자 결국 서경을 근거지로 하여 스스로 '대위국'이라는 나라를 세우고 난을 일으켰어.

한국사 용어 퀴즈

1 ☐ 대화궁 ☐ 대화역
묘청이 부추겨 고려 인종이 서경에 세운 별궁이야. 묘청은 이곳을 근거지로 삼고 대위국이라는 나라를 세워 난을 일으켰지.

🔲 1 대화궁

난이 일어나자 고려 조정에서는 여러 신하들이 하루 빨리 묘청 세력을 없애야 한다고 주장하였어. 인종은 결국 김부식에게 묘청의 난을 진압하라는 명령을 내렸어. 약 2년 동안 서경에서 고려의 관군과 전투를 하며 버틴 묘청의 세력은 묘청이 죽자 점점 힘을 잃었고, 결국 난은 실패하였단다.

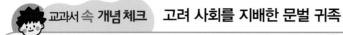

문벌 귀족의 성장	신라 말 호족과 6두품, 고려의 개국 공신들이 이후 고려의 5품 이상의 관리가 되어 세력을 이루었음.
문벌 귀족의 특권	이들은 관직과 토지에서 세금을 거둘 수 있는 권리를 자식에게 물려줄 수 있었기 때문에 대대로 관직을 물려받으며 재산을 쌓고 이를 바탕으로 권력을 행사함.
문벌 귀족의 폐단	문벌 귀족들이 권력을 독점하면서 왕권이 약해지고, 높은 세금을 내야 하는 농민과 차별받는 과거에 합격한 관리들과 무신들의 불만이 쌓임.

● 묘청에 대한 이야기를 함께 정리해 봐요. 정답 191쪽

인물 탐구   사다리 Quiz

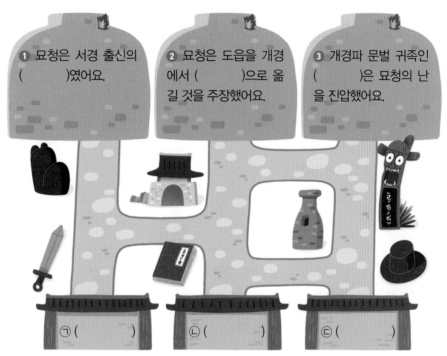

❶ 묘청은 서경 출신의 (   )였어요.

❷ 묘청은 도읍을 개경에서 (   )으로 옮길 것을 주장했어요.

❸ 개경파 문벌 귀족인 (   )은 묘청의 난을 진압했어요.

㉠ (   )   ㉡ (   )   ㉢ (   )

인물 한 문장 쓰기

"정해진 답 대신 여러분의 생각을 자유롭게 써 보세요."

● 서경으로 도읍을 옮기자고 주장한 묘청의 근거는 무엇이었을까요?

4. 역사 속 괴짜들

 1. 다음 두 인물과 관련된 공통점은 무엇인지 찾아 ○표 하세요.

박문수

김삿갓

㉠ 과거 시험에 합격했어.

㉡ 어사로 활약하며 백성을 위해 일했어.

㉢ 세상을 풍자하는 시를 썼어.

 2. 다음 그림의 ㉠ ~ ㉢은 묘청이 벌였던 사건들의 모습입니다. 사건이 일어난 순서대로 기호를 바르게 쓰세요.

묘청은 난을 일으켜 서경에 '대위국'이라는 나라를 세웠어.

왕권이 약해진 인종의 곁에 서경 출신의 승려인 묘청이 나타났어.

묘청은 개경의 문벌 귀족과 대립하며 서경으로 도읍을 옮겨야 한다고 주장했어.

[3~4] 다음은 『홍길동전』에 담긴 이야기입니다. 물음에 답하시오.

홍길동은 (㉠)로 태어나 어려서부터 여러 가지 차별을 받았어. 자신의 아버지를 아버지라 부르지도 못했지.

홍길동은 활빈당을 조직하여 부패한 탐관오리를 혼내 주고, 이들의 재물을 빼앗아 다시 백성들에게 나누어주었단다.

나라를 어지럽힌다며 임금은 홍길동을 잡아오라 명령하였고 홍길동은 한양으로 잡혀 올라오는 길에 요술을 부려 순식간에 사라졌어.

홍길동은 자신이 꿈꾸는 새로운 세상을 만들고자 먼 길을 떠났고, 바다 건너 율도국에 도착하여 이곳의 왕이 되었다고 해.

3. 위 이야기의 ㉠에 들어갈 낱말로 홍길동과 같이 조선 시대에 양반과 첩 사이에서 태어난 사람을 일컫는 낱말이 무엇인지 쓰세요.

(   )

4. 허균이 위와 같은 『홍길동전』을 통해 비판하고자 했던 당시 사회의 모습이 무엇인지 쓰세요.

5. 역사 속 혁신가

비가 내린 양을 측정할 수 있는
측우기입니다.

그것 참, 마치 내가 만든
화포를 똑바로 세워 놓은 것 같아
당장이라도 포탄이 날아갈 것 같소.

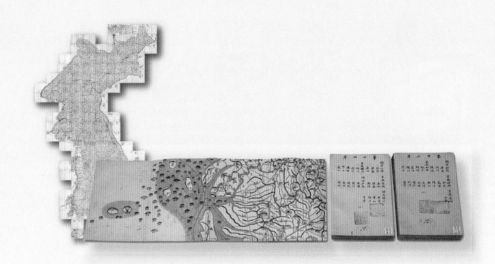

세상을 바꾸고 발전시킨 혁신가들은 어떤 노력을 했을까요?

정치와 문화, 과학 기술은 하루아침에 만들어진 것이 아니에요. 긴 역사 속에서 세상을 바꾸려는 생각과 끊임 없는 노력으로 자신의 분야에서 뛰어난 업적을 남긴 사람들을 만나봅시다.

신분을 극복한 조선 최고의 발명가

장영실

참쌤 동영상

- **살았던 때** 조선 시대, 1390년~1450년으로 추정
- **했던 일** 노비 신분을 극복하고 다양한 발명품을 만듦.
- **키워드** #발명가 #자격루 #측우기 #혼천의

│ 낮은 신분의 장영실은 어떻게 궁에서 일하게 되었을까?

『조선왕조실록』을 보면 장영실의 출생과 관련된 짧은 기록이 나타나 있어.
'아버지는 중국 원의 사람이고 어머니가 기생이다.'

기생은 당시 천민의 신분에 속했기 때문에 기생의 자식인 장영실도 태어나면서부터 천민이 되었단다. 장영실은 젊은 시절에는 농기구나 여러 물건들을 만들고 고치는 기술을 배우며 동래현 관청에서 일을 하고 있었어.

어느날 장영실이 살던 동래 지역에 큰 가뭄이 들어 백성들이 농사를 짓지 못해 어려움을 겪게 되었단다.

장영실은 멀리 있는 강의 물을 끌어올 수 있는 방법이 있을지 곰곰이 생각해 보았단다. 긴 수로를 개발한 장영실은 멀리 떨어진 강에서 물길을 연결해 가뭄으로 말라버린 논에 물을 보내는 데 성공했어.

멀리 떨어진 강에 흐르는 물을 우리 지역으로 끌어올 수만 있다면…

장영실의 뛰어난 실력이 소문이 나면서 조정 관리들의 추천으로 장영실은 한양의 궁에서 일하게 되었어.

한국사 용어 퀴즈

1 ☐ 천민 ☐ 천만

조선의 신분 제도 중에 가장 낮은 위치의 계층을 말해. 다른 이들의 지시를 받으며 허드렛일을 하던 노비와 광대, 무당, 기생, 백정 등이 천민에 속해 있었단다. 부모 중에 한 사람이라도 천민이면 자식도 태어나면서부터 천민이 되었어.

🔑 1 천민

세종 임금의 지원 아래 과학 발전의 꽃을 피우다

장영실을 눈여겨 보고 있던 세종은 과학과 농업 기술 발전에 대해 관심이 매우 많았어. 그래서 세종은 장영실과 여러 기술자들을 중국 명으로 보내 발전된 **천문** 기술을 배우도록 하였어. 이후 장영실에게 다양한 기술을 연구하고 천문학과 농업 기술을 발달시킬 수 있는 여러 가지 물건을 제작하도록 아낌없이 지원하였지.

장영실은 천문 기구인 혼천의와 간의를 만들고 물시계인 자격루, 해시계인 앙부일구 등도 만들어 조선의 과학 기술을 발전시키고, 사람들에게 정확한 시간을 알려 주는 데 큰 도움을 주었어.

 선생님, 안녕하세요. 이번에 종묘 앞에 앙부일구가 설치되었습니다. 앙부일구가 무엇인지 설명해주세요.

앙부일구는 솥뚜껑을 뒤집어 놓은 듯한 모습을 한 시계라는 뜻을 가진 물건입니다. 깊이 파 놓은 반구 형태의 틀 안에 시간을 표시하여 하루 동안 변하는 해의 높이에 따라 그림자로 시간을 가리킨답니다.

 재미있게도 시계 안에 동물의 모습을 새겨 놓았다고 하던데요?

앙부일구에는 한자 대신 글을 모르는 백성들을 위해 쥐, 소 등 각 시간에 해당하는 **12지신**의 동물 그림을 넣어 누구든지 쉽게 시간을 알 수 있도록 했습니다.

 백성을 사랑하는 세종과 장영실 선생님의 마음을 알 수 있는 부분이군요.

시간을 알리기 위해 한자 대신 동물의 그림을 넣었어.

하루동안 해의 변화에 따라 그림자의 방향이 바뀌어 시간을 나타내지.

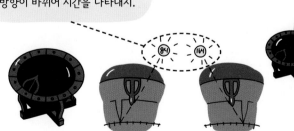

한국사 용어 퀴즈

1 □천문 □전문
별이나 행성, 혜성 등 지구 밖의 우주의 다양한 현상을 관찰하고 이해, 연구하는 학문을 말해.

2 □12지신 □12간지
땅을 지키고 시간과 방향을 나타내는 열두 가지 동물의 모습을 한 신이야. 앙부일구에는 각 시간에 해당하는 열두 가지 동물의 모습을 새겨 넣었다고 하는데 오늘날에는 동물의 모습을 새겨 넣은 앙부일구는 남아 있지 않아.

정답 1 천문 2 12지신

| 장영실이 만든 가마가 부서지며 왕이 바닥에 떨어졌다고?

장영실에 대한 『조선왕조실록』의 기록 중 하나는 **불경죄**로 감옥에 갔다가 파직되었다는 것이야. 대체 어떤 일이 있었던 것일까?

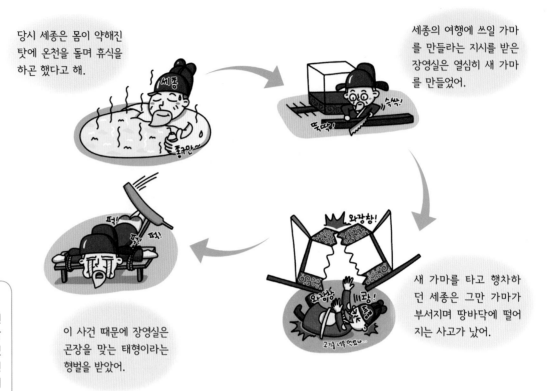

당시 세종은 몸이 약해진 탓에 온천을 돌며 휴식을 하곤 했다고 해.

세종의 여행에 쓰일 가마를 만들라는 지시를 받은 장영실은 열심히 새 가마를 만들었어.

새 가마를 타고 행차하던 세종은 그만 가마가 부서지며 땅바닥에 떨어지는 사고가 났어.

이 사건 때문에 장영실은 곤장을 맞는 태형이라는 형벌을 받았어.

한국사 용어 퀴즈

1 ☐ 불경죄   ☐ 별격정
임금이나 황제의 명예나 권위를 떨어뜨리게 한 죄를 말해. 당시 절대적인 권력자였던 임금의 권위를 떨어뜨린 죄는 무척이나 무거웠을 거야.

2 ☐ 약밥   ☐ 역법
태양과 지구의 움직임에 따라 일 년 동안의 시기를 구분하는 방법을 말해. 각 나라마다 위치가 다르기 때문에 절기를 나누는 시기도 조금씩 달라.

정답 1 불경죄   2 역법

뛰어난 손재주를 가진 장영실도 실수를 했던 것일까? 이 사건이 있은 후로 역사 기록에서 장영실의 이름은 더 이상 찾아볼 수 없어.

장영실의 마지막은 안타깝게 끝이 났지만 세종의 지원을 바탕으로 장영실이 노력한 덕분에 조선만의 고유한 **역법**이 만들어질 수 있었어. 또 장영실은 측우기와 수표 등을 개발하여 조선 시대 농업 활동에 큰 도움을 주었어.

▼ 장영실이 하천의 물의 높이를 잴 수 있도록 제작한 수표교

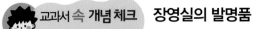

측우기	내린 비의 양을 측정할 수 있도록 만든 기구
자격루	물을 이용하여 일정한 간격으로 북, 징 등의 소리를 내어 시간을 나타내던 물시계
혼천의	우주에 있는 다양한 행성과 별들의 움직임과 위치를 살펴볼 수 있는 천문 기구

▲ 측우기

● **장영실에 대한 이야기를 함께 정리해 봐요.** 정답 192쪽

💡 **인물 탐구** O, X Quiz

❶ 장영실은 손재주가 뛰어나 세종에게 그 실력을 인정받았어요.
(O, X)

❷ 장영실은 양반 집안에서 태어나 과거 시험에 합격했어요.
(O, X)

❸ 장영실은 세종의 지원을 받으며 혼천의, 측우기, 자격루 등을 개발했어요.
(O, X)

🖋 **인물 한 문장 쓰기**

" 정해진 답 대신 여러분의 생각을 자유롭게 써 보세요."

● 역사에 기록되어 있지 않은 장영실의 이후 삶은 어땠을까요?

두 발로 그린 「대동여지도」
김정호

비주얼 씽킹
참쌤 동영상

● **살았던 때** 조선 시대. 1804년~1866년으로 추정
● **했던 일** 조선 땅을 정확히 그린 「대동여지도」를 만듦.
● **키워드** #대동여지도 #실학자 #지도 #역사 왜곡

| 옛날 사람들은 세계의 모습을 어떻게 알 수 있었을까?

오늘날은 컴퓨터나 스마트폰을 이용해 전 세계의 다양한 모습을 지도나 위성 사진으로 쉽게 찾아볼 수 있어. 그러나 이렇게 기술이 발전하기 전에는 정확한 지도가 없었기 때문에 사람들이 살고 있는 땅의 모습을 알기란 매우 어려운 일이었어.

아래는 조선 시대 태종 2년에 제작된 「혼일강리역대국지도」야.

중국

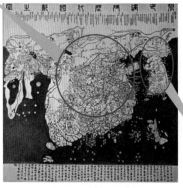

옛날 사람들은 직접 전 세계를 다니며 땅의 모습을 살피고 거리를 잴 수 없었기 때문에 다른 나라와의 관계나 먼 나라에 대해 전해 오는 이야기만을 바탕으로 지도를 만들기도 했어.

조선

▲ 「혼일강리역대국지도」

당시 조선은 중국을 세계의 중심, 큰 나라로 생각했어. 그래서 지도의 가운데 위치한 중국을 가장 크게 나타내었고, 주변 유럽이나 아프리카는 실제 모습보다 비교적 작게 나타냈단다.

이후 **측량법**과 항해 기술이 발달하면서 사람들은 육지와 바다의 모습, 거리 등을 이전보다 정확히 알 수 있게 되었어. 그리고 이러한 기술의 발달로 보다 정확한 방법으로 지도를 그릴 수 있었지.

한국사 용어 퀴즈

1 ☐ 측량법 ☐ 축지법

땅의 표면 위치와 위치 사이에 정확한 거리를 재거나 땅의 높이, 넓이 등을 재는 방법을 말해. 측량법이 발달하면서 지도를 만들거나 바다에서 항해를 하는 기술 등도 함께 발달했어.

📖 1 측량법

「대동여지도」를 만든 김정호는 어떤 인물이었을까?

「대동여지도」를 만든 것으로 유명한 김정호는 황해도에서 태어나 자랐어. 사실 안타깝게도 김정호에 대한 남겨진 정확한 기록이 많지 않아. 조선 순조 때 태어나 고종 때까지 활동한 것으로 짐작하고 있어.

김정호는 당시 실학을 연구하던 여러 학자들과 함께 전해 내려오는 지도와 지리 책을 연구했으며 지도 만드는 방법에 대해 관심을 가지고 있었다고 해.

김정호는 그동안 조사한 여러 개의 지도와 자료를 바탕으로 열심히 연구한 끝에 1861년, 드디어 「대동여지도」를 완성했어.

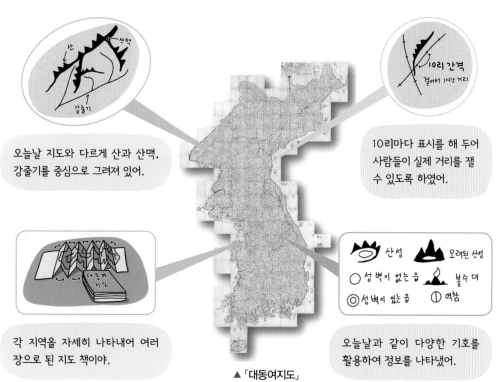

▲ 「대동여지도」

| 우여곡절 끝에 우리의 품으로 돌아온 대동여지도 목판

김정호 혼자 「대동여지도」를 만들기 위해 전국을 누비며 모든 지역을 세세하게 기록하기란 불가능에 가까운 일이야. 당시 기록들을 살펴볼 때 김정호는 다양한 지도와 자료를 활용하고 부족한 부분은 스스로 연구하며 「대동여지도」를 만들었을 것이라고 짐작된단다.

오랫동안 김정호와 「대동여지도」에 대한 오해가 있었어. 그래서 소중한 대동여지도 목판이 세상에 알려지지 못할 위기를 겪기도 하였지.

홍선 대원군은 「대동여지도」가 세상에 알려져 잘못 이용되면 위험해질 수 있다고 여겼어. 그래서 김정호는 **옥사**를 당하고 대동여지도 목판을 없앴다는 거야.

그러나 이러한 이야기는 사실 일제 강점기에 일본인들이 「대동여지도」의 우수한 가치를 왜곡하고 우리나라 사람들을 속이기 위해 거짓으로 만든 것이라고 해.

왜곡된 이야기로 인해 사람들은 김정호가 나라의 벌을 받았고 「대동여지도」를 새긴 대동여지도 목판은 불타 존재하지 않는다고 여기게 되었어.

그리고 오랫동안 국립 중앙 박물관의 **수장고**에 보관되어 있던 여러 개의 대동여지도 목판을 진품이 아니라 진품을 베껴 만든 복제품이라고 생각한 거야. 다행히도 조사를 통해 이것이 김정호가 만든 원본임을 밝혀내어 대동여지도 목판은 세상의 빛을 볼 수 있게 되었지.

▲ 대동여지도 목판

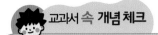

조선 전기	• 「혼일강리역대국지도」: 태종 2년에 제작된 지도 • 세계를 사각형으로 표현하였으며, 조선을 실제 비율보다 크게 나타내고 중국을 지도의 중앙에 매우 크게 나타냄.
조선 후기	• 「곤여 만국 전도」: 중국에서 가져온 「곤여 만국 전도」를 보고 그림. • 세계를 둥근 원으로 표현하였으며, 오늘날 세계 지도와 비슷한 모양으로 이전보다 더 넓은 세계를 나타냄.

● 김정호에 대한 이야기를 함께 정리해 봐요. 정답 192쪽

💡 인물 탐구 가로세로낱말 Quiz

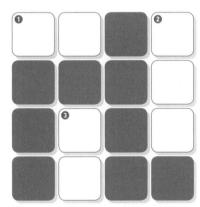

❶ 김정호는 ㅈㄷ 만드는 법에 대해 관심이 많았어요.

❷ 김정호는 조선 후기에 여러 ㅅㅎㅈ들과 교류하며 학문을 연구했어요.

❸ 「대동여지도」에는 오늘날과 같이 다양한 ㄱㅎ를 사용하여 지역의 정보를 나타냈어요.

✒ 인물 한 문장 쓰기

" 정해진 답 대신 여러분의 생각을 자유롭게 써 보세요."

• 김정호는 어떤 마음으로 수십 년간 지도를 만들었을까요?

우리나라를 지킨 두 발명가
최무선, 정평구

비주얼 씽킹
참쌤 동영상

- **살았던 때** 최무선 고려 말~ 조선 초, 정평구 조선 시대
- **했던 일** 최무선 – 화약을 연구하여 무기를 만듦, 정평구 – 하늘을 나는 비거를 만듦.
- **키워드** #화약 #화통도감 #비거 #진주성 전투

화약의 발견과 최무선의 끈질긴 노력

화약은 어떻게 사용하느냐에 따라서 우리가 즐기는 불꽃놀이의 재료가 되기도 하고 전쟁에 쓰이는 무기가 되기도 해.

고려는 원과 송 등 당시 중국을 통해 화약의 힘을 경험할 수 있었어. 그러나 직접 화약을 개발하지 못해 중국으로부터 필요한 화약을 전해 받아 사용하고 있었지. 고려 말 최무선은 장수로 활약하며 **병법**뿐만 아니라 무기와 화약의 개발에도 큰 관심을 가지고 있었어.

한국사 용어 퀴즈

1 ☐ 화약 　 ☐ 화학

불에 탈 때 큰 폭발력을 가진 무기나 불꽃놀이에 쓰이는 원료를 말해. 중국에서 최초로 만들어 사용한 것으로 알려져 있어.

2 ☐ 방법 　 ☐ 병법

병사를 배치하거나 싸우는 방법, 무기의 활용 등 다양한 기술이나 전략을 써 전쟁을 치르는 방법을 말해.

정답 1 화약 2 병법

어린 시절 최무선은 폭죽놀이를 즐기며 화약의 힘을 경험할 수 있었어.

고려의 장군이 된 최무선은 화약을 만들어 사용할 수 있다면 국방력이 더욱 강해질 수 있다고 생각했지.

최무선은 중국의 상인과 기술자들에게 도움을 구하고, 화약을 만드는 데 꼭 필요한 염초를 개발하기 위해 노력했단다.

드디어 최무선은 화약을 대량으로 만들 수 있는 기술 개발에 성공하였고, 고려의 우왕은 최무선에게 무기를 개발하는 일을 맡겼어.

| 왜구들도 깜짝 놀란 고려의 화포 기술

고려 말 왜구들은 우리나라 해안 이곳저곳에 나타나 약탈과 강도짓을 일삼고 백성들을 괴롭히고 있었어. 기록에 따르면 50여 년 사이에 무려 약 400회 이상 왜구의 침략과 피해가 있었다고 하니 나라에서는 큰 골칫거리였단다.

고려 우왕의 명으로 설치한 **화통도감**에서 마음껏 자신의 실력을 발휘하던 최무선은 약 3년 만에 전투에서 사용할 수 있는 화포 개발에 성공하였어.

1380년, 드디어 최무선이 개발한 무기를 시험할 기회가 왔단다. 당시 전라도 진포 해안으로 왜구들은 300척의 배를 이끌고 침략하였어. 그러자 우왕은 최무선을 **부원수**로 임명하고 그가 개발한 무기를 배에 싣도록 하였지.

드디어 최무선의 지휘 아래 배에 실린 화포에 불을 붙이고 일제히 왜구들을 향해 화포를 집중 사격했어.

화통도감에서 최무선은 화약을 이용한 화포, 화통 등 여러 가지 무기를 개발하였단다.

하늘에서 난데없이 불화살과 같은 포탄이 떨어지자 배를 서로 밧줄로 연결하였던 왜구들의 배는 순식간에 불에 타버렸어. 배에 타고 있던 왜구들도 전멸하거나 바다로 뛰어내려 목숨을 잃었지. 진포 해전은 세계에서 중국에 이어 두 번째로 화약과 화포를 사용한 전투였단다. 최무선의 아들인 최해산도 조선 시대에 화약과 무기를 개발하여 훗날 여러 전투에서 나라를 지키는 데 도움을 주었어.

한국사 용어 퀴즈

1 ☐ 화통도감 ☐ 무예도감
우왕 3년에 설치돼 화약과 이를 이용한 무기를 개발하던 기관을 말해. 최무선은 이곳에서 화약을 연구하고 다양한 무기를 만들었어.

2 ☐ 부사수 ☐ 부원수
고려에서 군사를 지휘하며 전쟁을 치르던 관직 중 하나야. 최무선은 도원수를 따라 부원수 자격으로 진포 해전을 치러 왜구를 무찔렀어.

🅰 1 화통도감 2 부원수

│ 하늘을 나는 기구인 비거는 과연 어떤 모습이었을까?

조선 시대 후기 실학자 이규경 쓴『오주연문장전산고』에는 '비거(飛車)' 대한 이야기가 기록되어 있어. 임진왜란 때 무관이자 발명가인 정평구라는 인물이 하늘을 나는 기구인 비거를 만들었다는 거야.

정평구는 임진왜란 때 진주성을 지키는 임무를 맡았던 장군이었어.

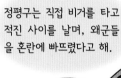

정평구는 직접 비거를 타고 적진 사이를 날며, 왜군들을 혼란에 빠뜨렸다고 해.

비거에는 사람을 여럿 태우고 실어나를 수도 있어서 성 밖으로 사람을 이동시켰다고 해.

진주성 전투에서 사용되었던 비거의 활약은 실제 자세한 기록이나 그림으로 전해 오는 것이 없어. 그래서 정확한 비거의 모습은 알지 못한 채 **열기구** 등이 아니었을까 짐작하고 있단다. 정평구와 비거의 활약을 본 이들은 나라에 **상소**를 올려 정평구에게 큰 상을 내리려 했어. 그러나 조선 조정에서는 터무니없는 이야기라며 믿지 않을 정도였다고 하니, 당시 하늘을 나는 기구인 비거가 얼마나 시대를 앞선 것인지 알 수 있어.

비거는 무려 2km 높이에서 비행을 하며 한번에 30~50리를 날아다닐 수 있었어.

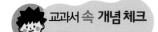

비격진천뢰	임진왜란 중 화포 기술자인 이장손이 개발한 것으로 멀리 날아간 포탄이 일정 시간이 지나면 폭발하여 큰 피해를 줌.
대완구	주로 적의 성이나 배를 공격하기 위해 쓰이는 화포로 임진왜란 당시 비격진천뢰를 발사할 때 쓰임.

▲ 비격진천뢰와 대완구

● 최무선과 정평구에 대한 이야기를 함께 정리해 봐요. 정답 192쪽

💡 인물 탐구   사다리 Quiz

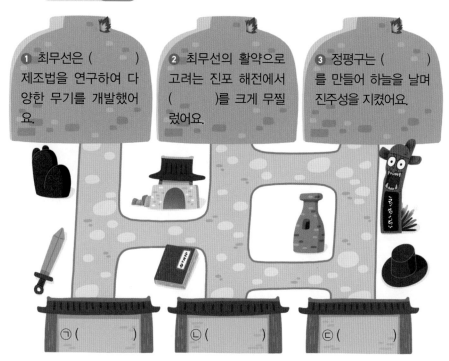

❶ 최무선은 (   ) 제조법을 연구하여 다양한 무기를 개발했어요.

❷ 최무선의 활약으로 고려는 진포 해전에서 (   )를 크게 무찔렀어요.

❸ 정평구는 (   )를 만들어 하늘을 날며 진주성을 지켰어요.

㉠ (   )   ㉡ (   )   ㉢ (   )

✒ 인물 한 문장 쓰기

" 정해진 답 대신 여러분의 생각을 자유롭게 써 보세요."

● 화약 제조법을 알아내기 위해 최무선은 어떤 노력을 했나요?

백성을 위해 『동의보감』을 지은

허준

비주얼 씽킹

참쌤 동영상

- **살았던 때** 조선 시대, 1539년 ~ 1615년
- **했던 일** 『동의보감』을 짓고 아픈 이들을 돌봄.
- **키워드** #동의보감 #임진왜란 #선조 #어의

| 의술이 뛰어나다는 입소문으로 내의원에 들어갔다고?

허준이 누구에게 직접 의술을 배웠는지는 정확히 알려지지 않았고 당시 의관을 뽑는 과거 시험에서도 허준의 이름은 찾을 수 없다고 해. 그럼 어떻게 허준은 조선 시대를 대표하는 의술자가 될 수 있었을까?

허준은 우연히 한성의 양반 가문에 살던 부인의 병을 치료하게 되었어.

허준의 치료 덕분에 부인이 다시 건강을 찾자 허준의 뛰어난 의술 능력이 여기저기 소문이 났어.

이조판서 홍담의 추천으로 허준은 드디어 내의원에서 일하게 되었어.

이후로도 여러 관리들의 병을 치료해 주면서 명의로 이름을 날리기 시작했지.

줄을~ 서세요~

한국사 용어 퀴즈

1 □내의원 □국회 의원

조선 시대 궁궐 안에서 의학과 약을 담당하던 기관이야. 왕과 왕족의 건강을 위해 일하는 조선 최고의 의사들이 모인 곳이라 할 수 있지.

2 □의관 □내관

조선 시대에 내의원에 속해 의술로 사람들의 병을 치료하던 관직이야. 의관 역시 과거 시험을 통해 선발했단다.

1 내의원 2 의관

내의원에서 일을 하게 된 허준은 당시 선조와 여러 왕족들의 치료를 맡으며 실력을 인정받았고, 높은 벼슬에도 올랐단다.

| 임진왜란 중 백성들의 고통을 목격한 허준

1592년 임진왜란이 일어나 일본이 조선을 침략하자 당시 선조 임금은 한양을 떠나 피란을 가기로 했어. 여러 어의들은 서로 임금의 피란길에 함께 가지 않으려 핑계를 대기도 했단다. 그러나 허준은 스스로 나서 선조와 피란길을 함께 하였어.

피란길은 하루하루가 무척이나 고되었어. 임금조차 제대로 된 식사를 하기 어려웠고, 잠자리는 볼품이 없었지. 선조가 나라에 대한 걱정과 피로로 인해 여러 곳에 병이 생기자 허준은 극진히 치료하며 선조를 보살폈어.

한양을 떠나 의주까지 가는 피란길에 선조는 병에 걸려 여러 번이나 허준의 치료를 받았어.

한편 피란길에 전쟁으로 고통 받는 백성들의 모습을 본 허준은 백성들에게 치료법을 알려줄 방법이 없을까 고민했어.

전쟁이 끝난 뒤 선조는 다시 큰 병에 걸려 쓰러지는 일이 생겼어. 허준과 여러 어의들은 최선을 다해 치료했지만 결국 선조는 세상을 떠나고 말았지.

당시 조정의 관리들은 허준이 제대로 치료를 하지 못해 임금이 돌아가셨다며 허준에게 벌을 내려야 한다고 주장했단다. 결국 허준은 책임을 지고 멀리 귀양을 가게 되었어.

허준과 어의들 탓에 임금이 돌아가셨다!

한국사 용어 퀴즈

1 ☐어의   ☐어이

조선 시대에 임금의 건강을 담당하는 의사를 어의라고 불렀어. 오늘날 대통령의 주치의랑 같은 의미라고 생각하면 돼.

🔒 1 어의

| 백성들도 쉽게 익힐 수 있는 『동의보감』을 짓다.

선조의 죽음으로 멀리 귀양을 떠나게 된 허준은 이 시간을 기회라고 생각했어. 그동안 전쟁으로 인한 부상과 질병으로 고통 받던 백성들에게 제대로 된 치료법과 약초에 대한 지식을 알려줄 수 있는 의학책을 쓰기로 마음먹었지.

허준은 백성들도 쉽게 이해할 수 있도록 우리 땅에서 나는 약초의 종류와 치료법을 정리하였어.

총 25권으로 구성된 『동의보감』을 완성한 허준은 귀양에서 돌아와 광해군에게 이를 바쳤단다.

『동의보감』은 그 당시 **동양**에 있던 다양한 의학서를 참고하고, 이것을 바탕으로 백성들이 주변에서 쉽게 구할 수 있는 약초와 치료법을 정리한 책이야.

『동의보감』은 훗날 중국과 일본에까지 전해져 많은 사람들의 사랑을 받았어.

우리 땅에서 자라고 구할 수 있는 약초를 정리하였고, 증상에 따라 치료법을 정리하여 누구나 이를 이용하기 쉬웠어.

한국사 용어 퀴즈

1 □동양 □서양

문화나 역사를 나누는 기준으로 우리나라, 일본, 중국 등 아시아 동쪽 지역을 말해. 유럽이나 미국 등에서 나타난 문화나 기술, 역사 등은 보통 '서양'이란 말을 사용하여 구분한단다.

2 □진맥 □수맥

한의학에서 사람의 맥을 짚어서 병이나 증상을 살펴보는 일을 말해. 보통 환자 손목의 맥을 짚어 핏줄이 뛰는 것을 살펴보는 방법을 볼 수 있어.

1 동양 2 진맥

오늘날 유네스코 세계 기록 유산에 오른 『동의보감』과 함께, 허준은 **진맥**을 보는 법, 응급 치료법, 아기를 잘 낳고 돌보는 법 등을 정리한 여러 책을 써서 사람들의 건강을 지키고자 했어.

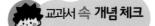 교과서 속 개념 체크   허준이 지은 여러 가지 의학서

『찬도방론맥결집성』	환자의 진맥을 짚어보는 방법을 정리한 책
『언해두창집요』	천연두(두창) 치료법을 정리한 책
『언해태산집요』	아기를 잘 낳고, 돌보는 방법을 정리한 책
『언해구급방』	손쉽게 응급 치료를 할 수 있는 방법을 정리한 책

● 허준에 대한 이야기를 함께 정리해 봐요. 정답 192쪽

💡 인물 탐구 O, X Quiz

❶ 허준의 능력을 알아본 관리의 추천으로 허준은 내의원에 들어갔어요. (O, X)

❷ 선조가 돌아가시자 그에 대한 죄를 물어 허준은 귀양을 갔어요. (O, X)

❸ 허준은 임진왜란 중에 『동의보감』을 만들었어요. (O, X)

🖊 인물 한 문장 쓰기

"정해진 답 대신 여러분의 생각을 자유롭게 써 보세요."

● 허준은 임진왜란을 겪으며 피란길에 어떤 생각이 들었을까요?

실학으로 개혁하라
정약용

비주얼 씽킹!
참쌤 동영상

- **살았던 때** 조선 시대, 1762년~1836년
- **했던 일** 백성을 위해 실학을 연구한 학자
- **키워드** #실학 #수원 화성 #정조 #목민심서 #거중기

│ 젊은 시절 정약용은 암행어사로 활약했다고?

경기도 한 고을의 관리가 폭정을 일삼고 백성들을 괴롭힌다는 상소가 정조에게 전달되었어.

정조로부터 어사패를 받은 정약용은 신분을 숨기고 암행어사 임무를 맡게 되었지.

정약용은 굶주린 백성들을 괴롭히고 있었던 고을의 관리를 꾸짖고 가르쳐 바로잡았단다.

암행어사 임무를 마친 정약용은 관리들의 부패와 세금 제도의 문제점을 임금에게 보고하였어.

한국사 용어 퀴즈

1 ☐ 감진어사 ☐ 암행어사

암행어사는 왕의 명령으로 비밀리에 파견된 사신으로 복장을 위장하여 고을 관리가 올바르게 일을 하는지 살펴보는 역할을 했어.

2 ☐ 실학 ☐ 수학

조선 후기에 나타난 새로운 학문으로, 당시 사회 문제를 해결하기 위해 백성들의 삶에 '실질적'으로 도움이 될 만한 것들을 연구하는 학문이었어.

1 암행어사 2 실학

'암행어사 출두요!'

한때 암행어사로 활약한 조선 후기 실학 연구가인 정약용은 1762년 지금의 경기도 남양주에서 태어났어. 네 살에 천자문을 다 외울 정도로 뛰어난 능력을 보인 정약용은 과거 시험에 합격해 조선 최고 교육 기관인 성균관에 들어가게 되었어. 정약용의 뛰어난 실력을 알아본 정조 임금의 부름에 정약용은 이후 규장각에서 연구하며 정조의 여러 정책을 도왔단다.

| 발명가 정약용으로 불러 주세요!

'배다리'가 무엇인지 알고 있니? 배다리는 작은 배를 여러 척 연결하고 그 위에 판자를 덧대어 임시로 만든 다리야. 정조는 아버지인 **사도 세자**의 릉이 있는 **현륭원**에 자주 들렀어. 이곳에 가기 위해서는 한강을 건너야 했단다. 그러나 왕의 행차에는 배를 타고 강을 건널 수 없다고 하여 정약용이 만든 배다리를 이용해 정조는 무사히 강을 건널 수 있었어.

한편 정조 임금은 자신의 뜻을 이룰 계획 도시를 만들기 위해서 수원 화성을 짓기로 했어. 정조의 총애를 받던 정약용은 직접 수원 화성의 설계에 참여하였어. 그뿐만 아니라 거중기, 녹로 등 여러 기구를 직접 설계하고 만들어 수원 화성이 튼튼하게 지어지는 데 큰 도움을 주었어.

거중기는 서양 과학 기술에서 아이디어를 얻어 무거운 물건을 쉽게 들어올릴 수 있도록 만든 기구야.

안전 제일 화성 공사 중

거중기

힘↓, 능률↑

거중기뿐만 아니라 정약용은 녹로라는 장치도 개발하여 적은 힘을 들여 큰 돌을 옮기는 데 사용하도록 했어.

녹로

우리나라 전통 방법과 서양식 건축 기술이 결합되어 3년 만에 완공된 수원 화성은 오늘날 그 가치를 인정받아 유네스코 세계 문화 유산으로 지정되었단다.

▼ 수원 화성 (경기도 수원)

▲ 거중기

한국사 용어 퀴즈

1 ☐ 사도 세자 ☐ 효명 세자

조선 21대 임금인 영조의 두 번째 아들로 영조 임금의 명으로 뒤주에 갇혀 죽고 말았어. 이후 사도 세자의 아들인 정조가 임금으로 즉위하였어.

2 ☐ 훈련원 ☐ 현륭원

정조의 아버지인 사도세자의 무덤으로 원래 오늘날 서울에 위치해 있었으나 풍수지리가 좋지 않다고 하여 이후 경기도 지역으로 옮겨졌어. 정조는 깊은 효심으로 여러 번이나 현륭원을 찾았다고 해.

정답 1 사도 세자 2 현륭원

| 정약용이 유배지에서도 수많은 연구를 했던 이유가 무엇일까?

정약용을 총애하던 정조 임금이 세상을 떠나자 **신유박해** 사건이 일어났고, 정약용은 **서학**인 가톨릭교를 배우고 따랐다는 죄를 지어 형제들과 함께 유배를 가게 되었어.

정약용의 유배 생활은 무려 18년 동안이나 이어졌단다. 그러나 정약용은 절망하거나 나라를 원망하지 않았어. 오히려 그동안 고민해 왔던 자신의 학문을 연구하고, 젊은 시절 암행어사로 활약하며 보았던 고통 받는 백성들을 위해 나라를 발전시킬 수 있는 지혜가 담겨 있는 책을 쓰기 시작했어.

가톨릭교인 서학을 믿었다는 이유로 정약용과 형제들은 죄를 물어 죽거나 유배를 가게 되었어.

정약용은 유배지에서 실학을 바탕으로 정치, 경제, 사회, 문화 등 다양한 분야에 관한 여러 가지 주제로 책을 썼어.

한국사 용어 퀴즈

1 □신유박해 □신미박해
순조 임금이 즉위하여 가톨릭교를 믿는 관리들과 정치 세력을 죄를 물어 죽이거나 유배를 보낸 사건이야.

2 □서학 □소학
조선 중기 이후 조선에 들어온 서양 사상과 문물인데, 좁은 의미로는 가톨릭교를 의미해. 그런데 가톨릭교에서는 평등을 중시하기 때문에 계급 신분 사회였던 조선에서는 환영받지 못했어.

정답 1 신유박해 2 서학

▲ 『목민심서』

정약용은 『목민심서』에서 관리들이 가져야 할 올바른 마음가짐에 대해서 밝히고 있어. 그는 나라가 좋아지려면 지역의 수령들이 각자 맡은 곳을 지혜롭게 다스려야 한다고 생각했어. 이렇듯 정약용이 연구한 학문의 중심에는 나라를 걱정하고 백성을 사랑하는 마음이 담겨 있는 것을 알 수 있지.

 교과서 속 개념 체크　실학자 정약용이 남긴 책

『목민심서』	백성들을 위해 관리(목민관)들이 지키고 따라야 할 일들을 정리한 책으로, 총 48권에 수령들이 백성들을 관리하는 방법이 담겨 있음.
『경세유표』	나라가 더욱 잘살고 부강해지기 위해 필요한 제도들을 정리한 책으로, 행정 기구, 토지 제도와 세금 제도 등의 운영에 대한 내용이 담겨 있음.
『흠흠신서』	죄를 공정하게 다스려 억울하게 생명을 잃는 이들이 나오지 않도록 형벌에 대한 생각을 담은 책

● **정약용에 대한 이야기를 함께 정리해 봐요.** 정답 192쪽

　　💡 인물 탐구　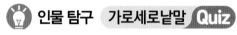 가로세로낱말 **Quiz**

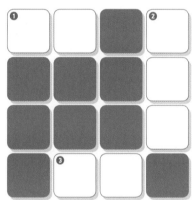

❶ [ㅈ][ㅈ] 임금은 정약용의 능력을 알아보고 그에게 여러 임무를 맡겼어요.

❷ [ㄱ][ㅈ][ㄱ] 는 무거운 물건을 힘을 적게 들여 들 수 있는 기구로 정약용이 제작하여 수원 화성을 짓는 데 쓰였어요.

❸ 정약용은 조선 사회의 발전을 위해 실생활에 도움이 되는 [ㅅ][ㅎ] 을 연구하였어요.

　　✒ 인물 한 문장 쓰기

" 정해진 답 대신 여러분의 생각을 자유롭게 써 보세요."

● 정약용이 실학을 연구하였던 까닭은 무엇이었을까요?

청에게 배울 건 배우자
박지원

- **살았던 때** 조선 시대, 1737년~1805년
- **했던 일** 북학 사상을 주장한 실학자이자 뛰어난 소설가
- **키워드** #실학 #열하일기 #양반전 #허생전

| 청과 싸울게 아니라 청으로부터 배워야 합니다!

1737년 박지원은 한양에서 대대로 높은 벼슬을 지낸 집안에서 태어났어. 하지만 박지원은 과거 시험에 도전했다 **낙방**한 후에는 벼슬길을 포기하고 학문을 연구하고 글을 쓰며 지냈지.

이후 박지원은 친하게 지내며 토론을 즐기던 친구들로부터 중국 청에 대한 이야기를 듣게 되었어.

당시 청은 중국을 통일한 나라로 조선에서는 이들은 **오랑캐**에 불과하다며 무시했어. 그러나 박지원이 전해 들은 청은 서양의 과학 기술과 제도를 받아들여 하루가 다르게 발전하고 있다는 것이었어.

한국사 용어 퀴즈

1 ☐ 낙방　☐ 나방

관리가 되기 위해 보는 과거 시험에 떨어지는 것을 낙방이라고 해. 많은 양반들 중에서 적은 인원을 뽑던 과거 시험에 붙는 건 매우 어려운 일이었어.

2 ☐ 오렌지　☐ 오랑캐

예전에 우리나라 북쪽의 두만강과 만주 일대에 살던 여진족을 깔보고 무시하며 부르던 말이야. 오랑캐라 불리던 이들은 결국 명을 정복하고 중국을 통일하여 청을 세웠어.

🔑 1 낙방　2 오랑캐

청에 대해 늘 궁금했던 박지원은 드디어 청에 갈 기회가 생겼어.

청의 문물과 생활에서 발전된 도구를 사용하는 사람들의 모습에 큰 충격을 받았어.

청에서 알지 못했던 다른 나라 사람들을 만나며 교류하기도 했지.

청에게 배워야 한다는 깨달음을 얻어 청에서 보고들은 것을 바탕으로 『열하일기』를 지었어.

| 조선 최고의 인기 작가가 된 박지원

박지원은 예부터 뛰어난 글쓰기 실력으로 소문이 났었어. 조선 시대에 대부분 책은 틀에 박힌 딱딱한 문체로 사람들이 쉽게 읽고 즐기기 어려웠단다. 그러나 청에 다녀온 박지원이 『열하일기』를 내놓자 사람들은 그가 써 내려간 이야기에 흠뻑 빠졌어. 박지원의 글은 재미있는 이야기와 문체로 큰 인기를 끌었고, 조선의 젊은이들은 그의 글을 '연암체'라고 부르며 흉내내기도 했단다.

한편 실학을 공부하던 박지원은 당시 조선의 신분 제도의 문제점과 양반들의 경제적 무능, 실속 없는 태도 등을 비판하고, 나라가 발전하기 위해서는 무엇을 해야 하는지를 주제로 소설을 지었어.

『양반전』은 성리학적 사고에 얽매여 실속 없는 양반들의 태도를 비판하고 있으며 이와 함께 당시 돈 많은 상민들이 늘어나며 흔들리는 조선의 신분 제도의 현실도 보여주고 있어.

『양반전』을 통해 박지원은 이것을 읽은 양반들이 자신들의 **허례허식**과 무능을 깨닫고 돌아볼 수 있기를 바랐어. 그리고 흔들리는 신분 사회에서 더 이상 평민들이 양반을 떠받들지 않는다는 것을 알려 주고자 했어. 이렇듯 박지원은 이야기 속에 웃음이 있지만 날카로운 비판을 담은 **풍자** 소설을 지어 읽는 이에게 통쾌함과 즐거움을 주었어.

한국사 용어 퀴즈

1 ☐ 호위호식   ☐ 허례허식
예절이나 법도 등을 겉으로만 중요시 여기며 실속이 없고, 겉보기만 그럴듯한 것을 말해. 양반들은 갖가지 예절과 규율을 중요시 여기며 평민들과는 다른 삶을 살았지.

2 ☐ 풍자   ☐ 팔자
어떤 모습을 빗대어 비웃고, 과장하여 비판하는 것을 말해.

정답 1 허례허식 2 풍자

│ 양반들이 천시한 상공업을 중시한 박지원

박지원은 청을 방문했을 때 사람들이 활발하게 장사를 하는 모습, 크고 작은 공장에서 다양한 물건을 만드는 모습 등을 보고 큰 충격을 받았어. 당시 조선은 여전히 대부분의 사람들이 장사를 하거나 물건을 만드는 일 대신 농사를 짓고 자급자족하는 데 만족했거든. 그러나 박지원은 청을 둘러보며 상업과 공업이 발전하고 농업도 더욱 큰 규모로 지을 수 있다면 지금보다 경제가 활발해져 훨씬 더 큰 이익을 준다는 것을 알게 되었어.

박지원은 청을 여행하던 중에 상업을 천시한 양반들의 생각을 비판하는 재미있는 이야기를 지었단다.

허생전 예고편

남산에 사는 허생은 평생을 책만 읽으며 지내는 선비였어.

가난에 지친 아내의 꾸지람을 듣고 집을 나온 허생은 부자를 찾아가 큰 돈을 빌렸어.

큰 돈으로 시장의 과일을 모두 사들이자 과일 값이 크게 올랐고 허생은 과일을 되팔아 큰 돈을 벌었어.

다시 이번에는 갓을 만드는 말총을 모두 사들여 몇 배나 높은 값에 말총을 팔았지.

허생은 그렇게 번 돈을 가난한 이들에게 모두 나눠주었어.

돈의 허망함을 깨달은 허생은 다시 빈털터리가 되어 집으로 돌아온단다.

한국사 용어 퀴즈

1 □자급자족 □가죽 지갑
자기에게 필요한 것은 스스로 구해서 충당하는 것을 말해. 다른 사람과의 관계가 없어도 충분하다고 생각하고 생활하는 것을 의미한단다.

정답 1 자급자족

소설 속 허생의 지혜로운 행동도 재미있지만 사실 박지원은 주인공 허생을 통해서 그간 아무것도 하지 않고 성리학에만 빠져 사는 양반의 모습을 비판하고, 물건을 사고파는 상업을 잘 활용하면 큰 돈을 벌고 나라의 경제를 발전시킬 수 있다는 가르침을 전해 주고 있어.

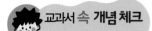 교과서 속 개념 체크 **박지원과 생각을 함께 했던 '북학파'**

북학파	청의 학문과 과학 기술을 받아들여 상공업을 바탕으로 나라를 개혁하자고 주장했던 사람들
활동	• 청을 다녀오며 다양한 문물을 소개하고, 혼천의, 자명종을 개발함. • 『북학의』, 『열하일기』 등을 지어 발전된 학문과 기술의 중요성을 강조함.
인물들	박지원, 박제가, 홍대용, 유득공, 이덕무 등

● **박지원에 대한 이야기를 함께 정리해 봐요.** 정답 192쪽

 💡 **인물 탐구** 사다리 Quiz

❶ 박지원은 가난한 선비가 큰 돈을 버는 이야기를 담은 『(   )』을 짓기도 했어.

❷ 조선이 발전하기 위해서는 (   )과 공업의 발전이 필요하다고 생각했어.

❸ 박지원은 『열하일기』를 통해 (   )의 문물을 배우자고 주장했어.

㉠ (   )   ㉡ (   )   ㉢ (   )

✒️ **인물 한 문장 쓰기**

"정해진 답 대신 여러분의 생각을 자유롭게 써 보세요."

● 박지원이 상공업이 발전해야 한다고 생각한 까닭은 무엇일까요?

_____

_____

_____

청해진의 해상 무역 사업가
장보고

비주얼
씽킹
참쌤 동영상

- **살았던 때** 통일 신라, ? ~ 846년
- **했던 일** 청해진을 설치해 해적을 소탕하고, 신라의 해상 무역을 번성시킴.
- **키워드** #당의 군인 #중계 무역 #청해진 #완도

| 청년 장보고가 당으로 건너 간 까닭은 무엇일까?

장보고는 지금의 전라남도 완도 지역에서 태어나 자랐어. 장보고는 어려서부터 말타기, 활쏘기 등 무예 실력이 뛰어났지. 그러나 당시 신라의 엄격한 신분 제도 탓에 자신의 뜻을 펼칠 기회를 얻기 어려웠단다.

결국 장보고는 새로운 도전을 하기 위해 신라를 떠나 당으로 건너갔어. 당시 당은 '**신라방**'이라는 신라 사람들이 모여 사는 곳이 있었고 다른 나라 사람들도 능력만 있다면 장수가 되어 전쟁에 참여하고 공을 올릴 수 있었다고 해.

결국 장보고는 큰 꿈을 펼치기 위해 친구와 함께 당으로 향했단다.

신라에서는 장보고의 낮은 신분 때문에 능력이 있어도 관직을 얻고 출세를 할 수 없었어.

당의 군대로 간 장보고는 뛰어난 무예 실력을 뽐내며, 공을 쌓고 당의 장군이 되었어.

한국사 용어 퀴즈

1 ☐ 신라방   ☐ 백제방

당에 있었던 신라인들이 모여 살던 지역이야. 당과 신라의 교류가 활발해지면서 많은 신라 사람들이 당으로 건너가 생활했다는 것을 알 수 있어.

📖 1 신라방

수천 명의 병사를 거느린 당의 장군이 된 장보고는 우연히 중국의 해적들에게 잡혀온 신라 사람들이 노예로 팔리는 것을 보게 되었어. 이에 마음이 흔들린 장보고는 장군의 자리를 내려놓고 신라로 돌아가고자 마음먹었어.

장보고는 어떻게 신라의 바다에서 해적을 쫓아냈을까?

당시 신라는 해안가에 나타나는 해적 때문에 많은 백성들이 목숨을 잃거나 재산을 빼앗겨 나라의 문제가 되었어. 당에서 신라로 돌아온 장보고는 곧장 신라 흥덕왕을 찾아갔단다.

제게 1만의 군사를 주십시오!

신라왕 !?

장보고는 군사를 내어 주면 이들과 함께 해적을 물리쳐 신라인들을 지키고 무역 활동이 자유롭도록 하겠다고 신라 흥덕왕을 설득했어.

청해진

이제 안전한 바다에서 무역을 제대로 해보자!

왜구 살려~!

흥덕왕의 지원으로 특별한 관직인 대사 자격을 얻은 장보고는 청해진을 설치하고 군사를 훈련시켜 해적과의 전투를 준비했어.

장보고가 지휘한 군대는 청해진 주변에 나타나는 해적들을 단숨에 소탕하여, 신라는 바다를 통한 안전한 교역로를 확보하게 되었단다.

흥덕왕의 지원을 받은 장보고는 오늘날 전라도 완도 지역에 청해진을 설치하고 군사를 훈련시켜 해적과의 전투를 대비했어.

장보고의 등장으로 그동안 해안에 나타나 약탈을 일삼던 해적들이 순식간에 소탕되었어. 그 위세가 얼마나 무섭던지 바다에서 장보고의 배가 보이면 해적들은 놀라서 달아나기 바빴다고 해.

장보고의 활약을 통해 다시 신라는 바닷길을 이용해 당뿐만 아니라 여러 나라와 교역을 하며 서로의 문물을 주고받을 수 있게 되었지.

한국사 용어 퀴즈

1 ☐ 흥덕왕   ☐ 헌덕왕

신라 42대 왕으로, 장보고의 건의를 받아들여 청해진을 설치하고 장보고에게 신라의 바다를 지키도록 하였어.

2 ☐ 창호지   ☐ 청해진

청해진은 장보고가 설치한 해상 무역 기지야. 군사들이 해적의 공격에 대비하는 곳이었고 다른 나라와 무역을 할 수 있는 시설도 갖추었어.

정답 1 흥덕왕 2 청해진

| **무역을 발전시키고 바다를 정복한 장보고**

당시 신라에서는 당과 왜를 연결하며 다른 나라로부터 물건을 사들여 이를 다시 또 다른 나라에 팔아 이익을 보는 **중계 무역**이 발달했어. 신라의 청해진에서는 가까운 중국과 왜뿐만 아니라 멀리 아라비아와 동남아시아 지역에서 온 진귀한 물건이 거래되고 있었어.

군사를 거느린 장보고는 청해진을 무대로 무역 활동을 장악하면서 엄청난 부와 권력을 얻을 수 있었단다.

당시 신라 청해진은 중국과 왜 사이에서 중계 무역을 하기 매우 좋은 위치에 자리 잡고 있었어.

신라에서 만든 배는 큰 파도를 견디며 많은 짐을 싣고도 먼 길을 항해할 수 있었다고 해. 무려 250톤의 짐을 실을 수 있었는데 이것은 수백 년 뒤 콜럼버스가 대서양을 건널 때 탔던 배와 비슷한 무게야.

한국사 용어 퀴즈

1 □중계 무역 □중고 무역
다른 나라에서 물건을 사들여와 다시 또 다른 나라에 되팔아 이윤을 얻은 무역을 말해. 당시 청해진은 여러 나라가 교류하기 알맞은 곳에 위치해 중계 무역을 하기 매우 유리했단다.

2 □고려술 □조선술
배를 만드는 기술을 말해. 당시 신라의 조선술은 과거 백제와 고구려의 기술을 이어받아 더욱 발전했어. 그래서 다른 나라에서 신라에게 배를 만들어 줄 것을 부탁할 정도였지.

🔑 1 중계 무역 2 조선술

장보고가 활발하게 무역 활동을 할 수 있었던 또 다른 이유로는 신라의 뛰어난 **조선술**이 한 몫을 했어. 당시 신라의 배 만드는 기술이 뛰어나 왜에서 신라에게 배 제작을 주문하였다는 기록이 남아 있어.

뿐만 아니라 장보고는 중계 무역을 하며 여러 나라 상인들에게 팔 수 있는 물건을 직접 생산하기도 했어. 특히 좋은 흙을 사용해 뛰어난 기술로 빚은 도자기가 큰 인기가 있었다고 해.

이렇게 장보고는 낮은 신분을 극복하고 바다를 장악하여 '해상왕'이라는 별명을 얻었단다.

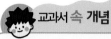 교과서 속 **개념 체크** **해상의 왕 장보고의 일대기**

낮은 신분으로 태어난 장보고는 신라에서 능력을 펼치지 못함.	→	당으로 건너간 장보고는 군인이 되어 실력을 인정받고 장군이 됨.	→

신라로 돌아와 청해진을 설치하고 해적을 소탕하여 바다를 장악함. → 바다에서 중계 무역을 통해 많은 부를 축적하고 권력을 가짐.

● **장보고에 대한 이야기를 함께 정리해 봐요.** 정답 192쪽

💡 **인물 탐구** O, X **Quiz**

❶ 귀족 출신의 장보고는 신라를 떠나 당에서 장군이 되었어요. (O, X)

❷ 신라로 돌아온 장보고는 청해진을 설치하고 해적을 소탕하였어요. (O, X)

❸ 해상 무역을 장악한 장보고는 큰 권력을 가졌어요. (O, X)

🖋 **인물 한 문장 쓰기**

"정해진 답 대신 여러분의 생각을 자유롭게 써 보세요."

● 장보고가 활약한 청해진에서 무역이 발달한 까닭은 무엇일까요?

_____

_____

인물
토론

5. 역사 속 혁신가

함께
찾아 봐요

1. 다음 두 인물과 관련된 공통점은 무엇인지 찾아 ○표 하세요.

최무선
장보고
세계 1만의 군사를 주십시오!
신라왕

㉠ 화약을 연구하고 마침 내 화포를 개발했어.

㉡ 바다에 나타난 해적과 왜구를 물리쳤어.

㉢ 아픈 이들을 치료해 주 었어.

함께
풀어 봐요

2. 다음 상황에 도움을 줄 수 있는 물건이 무엇인지 바르게 선으로 이으세오.

❶ 수원 화성을 쌓는 데 쓰이는 돌을 옮기려면 많은 사람들이 힘을 들여야 해.

❷ 지난밤에 비가 얼마나 내렸는 지 알 수 없으니 밭에 씨앗을 뿌려도 되는지 망설여져.

▲ 측우기

▲ 거중기

함께 생각해요 [3~4] 다음은 우리 역사 속 인물이 지은 책을 소개하는 자료입니다. 물음에 답하세요.

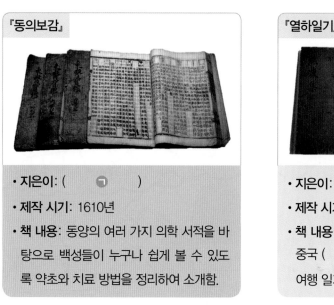

『동의보감』

• 지은이: (㉠)
• 제작 시기: 1610년
• 책 내용: 동양의 여러 가지 의학 서적을 바탕으로 백성들이 누구나 쉽게 볼 수 있도록 약초와 치료 방법을 정리하여 소개함.

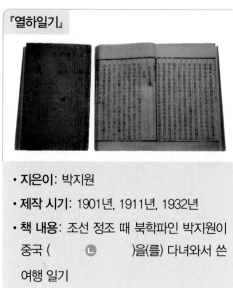

『열하일기』

• 지은이: 박지원
• 제작 시기: 1901년, 1911년, 1932년
• 책 내용: 조선 정조 때 북학파인 박지원이 중국 (㉡)을(를) 다녀와서 쓴 여행 일기

3. 위 책 소개의 ㉠, ㉡에 들어갈 알맞은 말을 쓰세요.

㉠ ( )

㉡ ( )

4. 위 두 권의 책 중에서 다음 친구에게 추천하고 싶은 책을 쓰고, 그 까닭이 무엇인지 쓰세요.

"내 꿈은 의사야. 옛날에는 어떻게 아픈 사람들을 치료했는지 궁금해."

🖊 한국사 이야기가 담긴 다양한 그림을
마음껏 색칠해 보세요.

정답

1 나라를 세운 사람들

01 단군왕검   17쪽

O, x Quiz   ❶ ○   ❷ ○   ❸ ×

인물 한 문장 쓰기   📝 제사를 주관하던 종교 지도자인 '단군'과 정치 지도자인 '왕검'을 합쳐 부르는 말이에요.

02 주몽   21쪽

가로세로낱말 Quiz   ❶ 고구려   ❷ 유화   ❸ 주몽

인물 한 문장 쓰기   📝 금와왕의 아들들에게 미움을 사서 목숨을 잃을 위기에 처했기 때문이에요.

03 온조   25쪽

사다리 Quiz   ❶ ㉢ 미추홀   ❷ ㉡ 십제   ❸ ㉠ 백제

인물 한 문장 쓰기   📝 농사를 짓고 사람들이 살기 어려워 백제와 같은 나라를 발전시키지 못했을 거예요.

04 박혁거세   29쪽

O, x Quiz   ❶ ×   ❷ ×   ❸ ○

인물 한 문장 쓰기   📝 한 나라를 세운 왕의 존재를 더욱 뛰어나고 신비롭게 만들기 위해 사람들이 만들어낸 이야기라고 생각해요.

05 김수로왕   33쪽

가로세로낱말 Quiz   ❶ 아유타   ❷ 아홉   ❸ 금관가야

인물 한 문장 쓰기   📝 신라와 백제 사이에서 끊임없이 공격을 받지 않고 대등하게 맞서 경쟁할 수 있었을 것이에요.

06 문무왕   37쪽

사다리 Quiz   ❶ ㉢ 나당   ❷ ㉡ 용   ❸ ㉠ 대왕암

인물 한 문장 쓰기   📝 당이나 일본으로부터 신라를 지키고 나라의 평안을 바랐기 때문이에요.

07 대조영   41쪽

O, x Quiz   ❶ ○   ❷ ○   ❸ ×

인물 한 문장 쓰기   📝 고구려 유민이 중심이 되어 삼국 시대에 크게 발전했던 고구려처럼 강한 나라를 만들고 싶었기 때문이라고 생각해요.

08 왕건   45쪽

가로세로낱말 Quiz   ❶ 궁예   ❷ 신숭겸   ❸ 훈요십조

인물 한 문장 쓰기   📝 평소 겸손하고 인품이 좋아 많은 사람들이 왕건을 따랐으며, 왕이 되기에 충분한 자질을 갖추고 있었어요.

09 이성계   49쪽

사다리 Quiz   ❶ ㉢ 활   ❷ ㉡ 위화도   ❸ ㉠ 함흥

인물 한 문장 쓰기   📝 고려의 왕을 몰아내고 신진 사대부들과 함께 고려를 개혁했어요.

10 고종   53쪽

O, x Quiz   ❶ ○   ❷ ×   ❸ ○

인물 한 문장 쓰기   📝 청일 전쟁에서 승리한 일본이 조선을 지배하려는 것을 견제하기 위해서예요.

인물 토론   1. 나라를 세운 사람들   54~55쪽

1. ㉢
2. ㉠ 고구려   ㉡ 나당   ㉢ 행정 구역   ㉣ 용
3. 소영
4. 📝 왕건은 여러 지방에 세력을 가진 호족과 좋은 관계를 맺는 동시에 이들을 견제하기 위해 그들의 딸을 부인으로 맞이했어요.

2 전쟁의 영웅들

01 광개토 대왕   61쪽

O, x Quiz   ❶ ○   ❷ ○   ❸ ×

인물 한 문장 쓰기   📝 고구려만의 연호를 사용하여 고구려가 중국에 맞설만큼 강력한 나라임을 보여 주고자 했어요.

02 근초고왕 65쪽

가로세로낱말 Quiz ① 마한 ② 평양성 ③ 칠지도

인물 한 문장 쓰기 📝 아들에게 왕위를 물려주고, 박사 고흥에게 백제의 역사서를 쓰도록 했어요.

03 을지문덕 69쪽

O, × Quiz ① × ② ○ ③ ○

인물 한 문장 쓰기 📝 홀로 적진에 들어가 수의 군대를 당황시키고, 우중문에게 시를 적어 보내 수 군대의 사기를 꺾었어요.

04 김유신 73쪽

사다리 Quiz ① ⓒ 가야 ② ⓛ 말 ③ ㉠ 사비성

인물 한 문장 쓰기 📝 무예가 뛰어나고 용맹한 김유신은 전쟁에서 언제나 승리했기 때문이에요.

05 강감찬 77쪽

가로세로낱말 Quiz ① 낙성대 ② 수숫대 ③ 귀주

인물 한 문장 쓰기 📝 흥화진 근처에서 미리 강물을 막았다가 거란군이 강을 건너자 둑을 터뜨려 거란군을 혼란에 빠뜨렸어요.

06 척준경 81쪽

사다리 Quiz ① ⓒ 검 ② ⓛ 여진 ③ ㉠ 난

인물 한 문장 쓰기 📝 전쟁으로 인한 백성과 국토의 피해를 막고 싶었기 때문이에요.

07 권율 85쪽

O, × Quiz ① × ② ○ ③ ○

인물 한 문장 쓰기 📝 조선군을 지휘하며 여러 전투에서 일본군을 물리쳤고, 후에 도원수에 자리에 올랐어요.

08 이순신 89쪽

가로세로낱말 Quiz ① 수군 ② 명량 ③ 학익진

인물 한 문장 쓰기 📝 이순신은 평소에 무기와 군함을 정비하고, 군사를 훈련시켜 일본의 침략에 대비하였어요.

인물 토론 2. 전쟁의 영웅들 90~91쪽

1. ㉠ ○ ⓛ ○

2. ㉠ 정유재란 ⓛ 칠천량 ⓒ 병사 ⓔ 학익진

3. ⓛ

4. 📝 식량과 무기를 낭비하고, 병사들이 죽거나 다치게 할 수 있는 불필요한 전투를 피하는 동시에 적으로부터 성을 지킬 수 있었어요.

3 역사 속 라이벌

01 계백과 관창 97쪽

O, × Quiz ① × ② × ③ ○

인물 한 문장 쓰기 📝 관창의 죽음으로 신라군의 떨어져 있던 사기가 올라 신라가 전투에서 승리하는 데 도움을 주었어요.

02 원효와 의상 101쪽

가로세로낱말 Quiz ① 마음 ② 당 ③ 원효

인물 한 문장 쓰기 📝 모든 것은 마음먹기에 달려있다는 것을 깨달았어요.

03 진흥왕과 성왕 105쪽

사다리 Quiz ① ⓒ 나제 ② ⓛ 한강 ③ ㉠ 관산성

인물 한 문장 쓰기 📝 한강 유역은 농업이 발달하였고, 교통이 편리해 이곳을 차지하면 삼국의 경쟁에서 앞설 수 있었기 때문이에요.

04 정몽주와 정도전 109쪽

O, × Quiz ① × ② ○ ③ ○

인물 한 문장 쓰기 📝 급진 개혁파와 온건 개혁파들의 갈등이 계속되어 갈수록 고려 사회가 더욱 혼란스러워졌을 거예요.

05 성삼문과 신숙주 113쪽

가로세로낱말 Quiz ❶ 집현전 ❷ 단종 ❸ 세조

인물 한 문장 쓰기 ⑩ 어린 단종이 왕위를 이어 갔다면 오히려 왕권이 약해지고 나라가 혼란스러워 질수도 있었을 것이기 때문에 임금 역할을 잘 할 수 있는 세조를 따랐다고 생각해요.

06 연개소문과 당 태종 117쪽

사다리 Quiz ❶ ⓒ 영류왕 ❷ ⓛ 태종 ❸ ㉠ 안시성

인물 한 문장 쓰기 ⑩ 연개소문이 왕을 시해하고 올바르지 않은 방법으로 권력을 차지했다는 것을 구실로 삼았어요.

07 흥선 대원군과 세도 가문 121쪽

O, X Quiz ❶ × ❷ × ❸ ○

인물 한 문장 쓰기 ⑩ 비변사를 폐지하고, 능력에 따라 인재를 등용하였으며 여흥 민씨 가문에서 고종의 왕비를 맞아들였어요.

08 김홍도와 신윤복 125쪽

가로세로낱말 Quiz ❶ 도화서 ❷ 신윤복 ❸ 정조

인물 한 문장 쓰기 ⑩ 김홍도는 선을 빠르고 강하게 표현했고, 신윤복은 선을 가늘고 세밀하게 표현했어요.

인물 토론 3. 역사 속 라이벌 126~127쪽

1. 불교

2. ❶ ⓒ ❷ ㉠ ❸ ⓛ

3. (1) 정도전 (2) 정몽주

4. ⑩ 저는 정도전을 뽑을 것입니다. 그동안 고려의 귀족들은 더 많은 세금을 걷기 위해 백성들을 괴롭히고 나라를 어지럽혔습니다. 고려의 왕조를 지키는 것은 백성들에게 그다지 중요한 일이 아닙니다. 우리의 삶이 나아진다면 새로운 나라가 세워지는 것도 좋습니다.

4 역사 속 괴짜들

01 최북 133쪽

O, X Quiz ❶ ○ ❷ ○ ❸ ×

인물 한 문장 쓰기 ⑩ 뛰어난 자는 천하의 명산에서 죽어야 한다는 엉뚱한 생각을 했어요.

02 박문수 137쪽

가로세로낱말 Quiz ❶ 과거 ❷ 영조 ❸ 암행어사

인물 한 문장 쓰기 ⑩ 어려운 사건을 해결하거나 불쌍한 처지에 놓인 백성들의 억울함을 풀어주는 이야기가 많아요.

03 허균 141쪽

사다리 Quiz ❶ ⓒ 글솜씨 ❷ ⓛ 서얼 ❸ ㉠ 역모

인물 한 문장 쓰기 ⑩ 신분의 차별이 없이 누구나 자신의 능력을 펼칠 수 있는 세상이 되어야 한다라고 말할 것 같아요.

04 김삿갓 145쪽

O, X Quiz ❶ × ❷ ○ ❸ ○

인물 한 문장 쓰기 ⑩ 조상을 욕보였다는 사실에 부끄러움을 느끼고 괴로웠을 것이에요.

05 궁예 149쪽

가로세로낱말 Quiz ❶ 귀족 ❷ 후고구려 ❸ 왕건

인물 한 문장 쓰기 ⑩ 궁예를 따르던 신하들과 백성들이 모두 나라를 떠나고 나라의 힘이 약해졌을 것이에요.

06 묘청 153쪽

사다리 Quiz ❶ ⓒ 승려 ❷ ⓛ 서경 ❸ ㉠ 김부식

인물 한 문장 쓰기 ⑩ 풍수지리를 근거로 들어 개경은 운이 다했으며, 고려의 발전을 위해 서경으로 도읍을 옮겨야 한다고 주장했어요.

인물 토론   4. 역사 속 괴짜들   154~155쪽

1. ㉠ ○

2. ㉡ - ㉢ - ㉠

3. 서얼 또는 서자

4. ㉔ 조선 사회의 엄격한 신분 제도와 현실을 제대로 반영하지 못하는 성리학과 사회 제도를 비판하고자 했어요.

5 역사 속 혁신가

01 장영실   161쪽

O, × Quiz   ❶ ○   ❷ ×   ❸ ○

인물 한 문장 쓰기   ㉔ 여전히 어디에선가 더 많은 발명품을 만들기 위해서 많은 학문을 연구하고 노력했을 것이에요.

02 김정호   165쪽

가로세로낱말 Quiz   ❶ 지도   ❷ 실학자   ❸ 기호

인물 한 문장 쓰기   ㉔ 우리나라를 정확히 나타낸 지도를 만들어 사람들에게 유용하게 쓰이길 바랐을 거예요.

03 최무선, 정평구   169쪽

사다리 Quiz   ❶ ㉢ 화약   ❷ ㉡ 왜구   ❸ ㉠ 비거

인물 한 문장 쓰기   ㉔ 중국의 상인과 기술자들에게 도움을 구하고 끊임없이 연구를 하였어요.

04 허준   173쪽

O, × Quiz   ❶ ○   ❷ ○   ❸ ×

인물 한 문장 쓰기   ㉔ 부상과 질병으로 고통 받는 백성들을 보며, 이들을 위한 의학 책을 짓겠다는 다짐을 했어요.

05 정약용   177쪽

가로세로낱말 Quiz   ❶ 정조   ❷ 거중기   ❸ 실학

인물 한 문장 쓰기   ㉔ 나라를 발전시키고 백성들의 실제 생활에 도움이 될 수 있는 방법을 찾기 위해서예요.

06 박지원   181쪽

사다리 Quiz   ❶ ㉢ 허생전   ❷ ㉡ 상업   ❸ ㉠ 청

인물 한 문장 쓰기   ㉔ 상공업을 발전시켜 큰 이윤을 얻고 경제 활동이 활발해지면 나라도 발전하고, 백성들의 삶도 나아질 것이라고 생각했어요.

07 장보고   185쪽

O, × Quiz   ❶ ×   ❷ ○   ❸ ○

인물 한 문장 쓰기   ㉔ 바닷길을 이용하여 여러 나라가 무역을 하기에 좋은 위치에 있었기 때문이에요.

인물 토론   5. 역사 속 혁신가   186~187쪽

1. ㉡ ○

2. ❶ ㉡   ❷ ㉠

3. ㉠ 허준   ㉡ 청

4. ㉔ 허준이 쓴 『동의보감』을 추천하고 싶어요. 허준은 몸이 아프고 병이 들어 제때 치료를 받지 못하는 백성들의 모습을 보고 안타까워했어요. 그래서 허준은 누구나 쉽게 알 수 있도록 약초의 종류와 치료 방법을 정리한 『동의보감』을 썼어요.